大雅叢刊

營業秘密的保護

公平法與智產法系列二

徐火明 主編

徐玉玲 著

／三民書局印行

國立中央圖書館出版品預行編目資料

營業秘密的保護／徐玉玲著.--初版.
--臺北市：三民：民82
面；　　　公分.--（大雅叢刊）
ISBN 957-14-2036-0 （精裝）
ISBN 957-14-2037-9 （平裝）

1.商法

587　　　　　　　　　　82007554

ⓒ 營業秘密的保護

主編　徐火明
著者　徐玉玲
發行人　劉振強
著作財產權人　三民書局股份有限公司
印刷所　三民書局股份有限公司
　　　復興店／臺北市復興北路三八六號五樓
　　　重慶店／臺北市重慶南路一段六十一號
郵撥／〇〇〇九九九八—五號
初版　中華民國八十二年十一月

編號　S 58007

基本定價　伍元壹角壹分
行政院新聞局登記證局版臺業字第〇二〇〇號

營業秘密的保護

編號 S 58007

三民書局

ISBN 957-14-2037-9 （平裝）

總　序

　　專利法之目的，在提升產業技術，促進經濟之繁榮。商標法之目的，在保障商標專用權及消費者之利益，以促進工商企業之正常發展。著作權法之目的，在保障著作人之權益，調和社會公共利益，以促進國家文化之發展。公平交易法之目的，在維護交易秩序與消費者利益，確保競爭之公平與自由，以促進經濟之安定與繁榮。專利權、商標權及著作權，可稱之為智慧財產權，此種權利在先天上即具有獨占性質，而公平交易法則在排除獨占，究竟彼此之間，係互相排斥，抑或相輔相成，其間關係密切，殊值在學理上詳細探究，乃開闢叢書，作為探討之園地，並蒙三民書局股份有限公司董事長劉振強先生鼎力協助及精心規劃，特定名為「智產法與公平法系列」。

　　余曩昔負笈歐陸，幸得機緣，從學於當代智慧財產權法及競爭法名師德國麻克斯蒲朗克外國暨國際專利法競爭法與著作權法研究院院長拜爾教授 (Prof. Dr. Friedrich-Karl Beier)，對於彼邦學術研究之興盛與叢書之出版，頗為嚮往。數年後，本叢書終能在自己之領土上生根發芽，首先應感謝何孝元教授、曾陳明汝教授、甯育豐教授、王志剛教授、王仁宏教授、楊崇森教授、廖義男教授、黃茂榮教授、梁宇賢教授、林誠二教授、周添城教授、賴源河教授、林欽賢教授、蘇永欽教授、李文儀教授、蔡英文教授、劉紹樑教授、莊春發教授、何之邁教授、蔡明誠教授及謝銘洋教授等前輩先進之指導鼓勵。本叢書首創初期，作者邱志平法官、李鎂小姐、徐玉玲法官、朱鈺洋律師及李桂英律師等法界後起之秀，勤奮著述，共襄盛舉，謹誌謝忱。

　　本叢書採取開放態度，舉凡智產法與公平法相關論著，而具備相當水準者，均所歡迎，可直接與三民書局編輯部聯絡。本叢書之出版，旨在拋磚引玉，盼能繼續發芽茁壯，以引發研究智產法與公平法之興趣，建立經濟法治之基礎。

徐　火　明

八十二年八月一日

自　序

　　當國內高唱產業升級入雲之時，卻僅著眼於專利權、商標權及著作權之保護，而忽略了在國外保護高科技具有更重要地位之法律依據——即營業秘密之保護。

　　邇來實務上，一再地發生因離職員工竊取公司營業秘密而引起訴訟爭端，引起產業界、實務界及學界對營業秘密保護之重視。然而，目前公平交易法第十九條第五款有關營業秘密之規定，對於營業秘密之定義、要件、性質、所有權之歸屬、授權及消滅等內容，均付之闕如，而其救濟途徑，亦緩不濟急，且在訴訟程序之保護及善意第三人保護之問題，並未著墨，因此，本文擬自比較法之研究方法，深入討論，欲解決上述問題，以供學界及實務界參考。

　　此外，國內產業界為防範離職員工竊取公司營業秘密，多與員工簽訂嚴格之秘密保持契約及競業禁止契約，惟在實務上其契約有因違反憲法保障生存權或違反公序良俗之規定而被認定無效，深值注意。本文亦參考外國實務及學界之見解，對此問題深入討論。

　　筆者學殖未深，疏漏在所難免，尤盼學界先進不吝指正。

　　　　　　　　　　　徐玉玲　謹識
　　　　　　　　　　　中華民國八十二年九月

營業密秘的保護

目　　次

總序……………………………………………………………… 1

自序……………………………………………………………… 3

第一章　緒　論………………………………………………… 1

　第一節　營業秘密保護之立法理由 ………………………… 3

　　第一項　維護商業道德與競爭秩序………………………… 3

　　第二項　鼓勵研究發明……………………………………… 3

　　第三項　隱私權之保護……………………………………… 4

　第二節　我國營業秘密之保護……………………………… 4

　　第一項　民事法規…………………………………………… 5

　　第二項　刑事法規……………………………………………10

　　第三項　公平交易法…………………………………………12

　第三節　公平交易法規定之缺失 ……………………………15

　　第一項　自實體而言…………………………………………15

　　第二項　自訴訟程序而言……………………………………18

第二章　營業秘密之基本概念及其歸屬⋯⋯⋯19

　第一節　概　說⋯⋯⋯⋯⋯⋯⋯⋯⋯⋯⋯19

　第二節　營業秘密之意義、要件及性質⋯⋯⋯⋯20

　　第一項　營業秘密之意義及要件⋯⋯⋯⋯20

　　第二項　營業秘密之性質⋯⋯⋯⋯⋯⋯42

　　第三項　營業秘密與相關概念之說明⋯⋯⋯49

　第三節　營業秘密之所有權歸屬、授權及消滅⋯⋯54

　　第一項　營業秘密之所有權⋯⋯⋯⋯⋯54

　　第二項　營業秘密之授權⋯⋯⋯⋯⋯⋯64

　　第三項　營業秘密之消滅⋯⋯⋯⋯⋯⋯66

第三章　營業秘密之侵害與救濟⋯⋯⋯⋯⋯⋯73

　第一節　概　說⋯⋯⋯⋯⋯⋯⋯⋯⋯⋯⋯73

　第二節　侵害類型之探討⋯⋯⋯⋯⋯⋯⋯74

　　第一項　美　國⋯⋯⋯⋯⋯⋯⋯⋯⋯74

　　第二項　日　本⋯⋯⋯⋯⋯⋯⋯⋯⋯79

　　第三項　德　國⋯⋯⋯⋯⋯⋯⋯⋯⋯81

　　第四項　小　結⋯⋯⋯⋯⋯⋯⋯⋯⋯85

　第三節　營業秘密侵害之救濟⋯⋯⋯⋯⋯90

　　第一項　在實體上之保護⋯⋯⋯⋯⋯⋯90

　　第二項　訴訟程序之保護……………………………… 114

　第四節　善意第三人之保護……………………………… 124

　　第一項　美　國………………………………………… 124

　　第二項　日　本………………………………………… 126

　　第三項　小　結………………………………………… 127

第四章　雇傭關係與營業秘密之保護……………………… 133

　第一節　概　說………………………………………… 133

　第二節　營業秘密與受雇人之一般知識、

　　　　　經驗、技能…………………………………… 133

　第三節　秘密保持契約 ………………………………… 136

　　第一項　秘密保持契約之法律依據…………………… 136

　　第二項　秘密保持契約………………………………… 138

　第四節　競業禁止契約 ………………………………… 140

　　第一項　競業禁止契約之法律依據…………………… 143

　　第二項　競業禁止契約………………………………… 146

　　第三項　部分條款有違公序良俗或強制規定之競業

　　　　　　禁止契約…………………………………… 154

　　第四項　其他具有競業禁止效力之條款…………… 155

第五章　營業秘密與其他法規之關係…………………… 161

　第一節　概　說………………………………………… 161

　　第二節　營業秘密與專利權⋯⋯⋯⋯⋯⋯⋯⋯⋯⋯⋯ 161

　　　第一項　營業秘密與專利權之區別⋯⋯⋯⋯⋯⋯⋯ 161

　　　第二項　營業秘密與專利權保護之抉擇⋯⋯⋯⋯⋯ 165

　　　第三項　營業秘密與專利權之衝突⋯⋯⋯⋯⋯⋯⋯ 166

　　第三節　營業秘密與著作權⋯⋯⋯⋯⋯⋯⋯⋯⋯⋯⋯ 168

　　　第一項　營業秘密與著作權之區別⋯⋯⋯⋯⋯⋯⋯ 168

　　　第二項　營業秘密與著作權之衝突⋯⋯⋯⋯⋯⋯⋯ 169

　　　第三項　營業秘密與電腦軟體之保護⋯⋯⋯⋯⋯⋯ 170

第六章　結　論⋯⋯⋯⋯⋯⋯⋯⋯⋯⋯⋯⋯⋯⋯⋯⋯⋯ 173

　　第一節　營業秘密之意義、要件及性質 ⋯⋯⋯⋯⋯ 174

　　第二節　營業秘密之所有權歸屬及共有關係⋯⋯⋯ 175

　　第三節　營業秘密之侵害與救濟 ⋯⋯⋯⋯⋯⋯⋯⋯ 176

參考文獻⋯⋯⋯⋯⋯⋯⋯⋯⋯⋯⋯⋯⋯⋯⋯⋯⋯⋯⋯⋯ 187

第一章　緒　論

臺灣之經濟奇蹟，無非得自於勞工朋友之胼手胝足，然而，隨著大陸市場之開放，勞力密集之產業漸漸外移，加以大陸龐大之勞力市場，絕非臺灣市場可比擬，君不見大陸之貿易總額，已追趕及臺灣（注一）。因此，如何將產業升級，爲各界一致之要求（注二），惟產業之升級，實賴高科技等智慧財產權之保護，但邇來產業間諜，員工集體跳槽，惡性挖角等掠奪他人成果之不公平競爭行爲，屢見不鮮，致使許多企業主投注之大筆經費、人力、時間，化於無形，如不在法律上儘速謀求保護之道，以遏止此種歪風，恐怕沒有任何一個企業主願意再投資於科技之發展，當然，產業升級亦成爲空談。再者，中共近來亦日益重視新科技之保護，更不容吾等忽視（注三）。目前國內爲鼓勵發明創作之智慧財產權，有專利權、著作權及營業秘密之保護。惟就專利權而言，對於研究發展中之發明、申請專利中尚未取得專利權之前或不合於專利要件之發明，均不能受到專利權之保護；就著作權而言，著作權只能保護著作人所表現之形式，並不能保護該表現形式下之概念、構想，因此，剽竊他人之構想，而以另外一種形式表現，則著作權亦無以保障，此時，尤賴營業秘密之保護。公平交易法第十九條第五款，雖有保護營業秘密之規定，但其內容仍有缺陋。因此，本文擬自比較法之觀點，瞭解營業秘

注　一　參趙文慧，大陸經濟快速成長，貿易總額直追臺灣，中國時報八十一年九月十二日，第十一版。

注　二　參張伶銖，未來隱憂是產業能否升級？中國時報八十一年九月十三日，第三版。

注　三　參許智誠，營業秘密之法律地位及保護概況，經社法制論叢創刊號，七十七年一月，頁二一六。

密之內涵，以作爲學界及實務之參考。

綜觀外國法制，咸將營業秘密之洩漏及不正使用，逐列爲不正競爭防止法中不正行爲之一種（注四）。法國、英國因無不正競爭防止法，在判例上，乃以侵權行爲法則，作爲侵害營業秘密之不法行爲救濟之法律依據，法國雖有不作爲請求權（注五），然而我國依侵權行爲規定只能請求損害賠償，並無不作爲請求權，致無法防止損害之發生及擴大，因此，本文乃以不正競爭防止法爲中心，作爲研究範圍。

有關營業秘密之保護，德國、日本以不正競爭防止法爲依據，而美國對於營業秘密保護之立法則有比較完整之保護。因此，本文乃以美、日、德三國爲重點，分析比較，俾供實務及學界參考。

本文分六章:

第一章說明營業秘密保護之立法理由及現行法律之規定，並提出公平交易法規定之缺失。

第二章論及營業秘密之基本概念及其所有權歸屬之相關問題，係以比較法之觀點，談及營業秘密意義、要件、性質、所有權之歸屬、消滅、授權等問題。

第三章以比較法之觀點，談營業秘密之侵害類型、在實體上之救濟及其在訴訟程序之保護措施。

第四章說明雇傭關係與營業秘密之保護，以秘密保持契約、競業禁止契約及其他具有競業禁止效力之約款爲研究重點。

第五章談營業秘密與專利權、著作權之關係。

注　四　參廖義男，從經濟法之觀點論企業之法律問題，臺大法學論叢第四卷第二期，六十四年四月，頁一四〇；另參曾陳明汝，商標不正競爭之研究，臺大法學論叢第四卷第一期，六十三年十月，頁一九九，亦載明此觀念。

注　五　參蘇永欽，營業競爭法在歐洲各國的發展與整合，法學叢刊第一一四期，七十三年四月，頁六五。

第六章總結。

第一節 營業秘密保護之立法理由

在討論營業秘密之保護前，有必要先簡要闡明營業秘密保護之立法理由，以作爲本文以下各章討論之依據。

第一項 維護商業道德與競爭秩序

營業秘密之保護，淵源於古羅馬時代，競業者以惡意引誘或強迫對方之奴隸洩漏營業秘密之不正競業行爲，法律賦予奴隸所有人「奴隸誘惑之訴」(actio servi corrupti)，得請求雙倍之損害賠償（注六）。足徵，營業秘密之保護，自始卽具有維護商業道德及競爭秩序之寓意。在美國營業秘密之訴因，多爲被告惡意違反其與原告間之信賴關係，而將營業秘密洩漏或使用，因此 Burgen 法官認爲維護商業道德及競爭秩序爲營業秘密之基本政策（注七）。日本最近修正不正競爭防止法，增加營業秘密之保護，其立法目的在於防杜不正當之競業行爲，維持公平競爭秩序（注八）。德國將營業秘密之保護，規定於不正競爭防止法，而不正競爭防止法之立法目的，在於防杜企業爲競爭之目的之不正當競業行爲，亦爲維持競爭秩序。

第二項 鼓勵研究發明

注 六 參土井輝生，知的所有權——現代實務法律講座，株式會社靑林書院，1977年10月初版，頁一七九。

注 七 Melvin F. Jager, *Trade Secrets Law*, Clark Boardman Company Ltd., Vol. 1, at pp. 1-7.

注 八 參小野昌延，注解不正競爭防止法，株式會社靑林書院，1991年10月初版第二刷，頁一八五；另參松本重敏，企業秘密の法的保護(三)，NBL 439 號，頁二五。

營業秘密之保護，在於維持競爭秩序，防止不法奪取他人研究成果（注九）。相對而言，卽在於保護所有人投入之時間、金錢、勞力所得成果，免於侵害，如此，始足以鼓勵所有人從事發明，否則，任何人均能輕易取得他人研究成果，殆無人願意再從事發明，而其結果必致發明停滯，產業消退。惟有法律上予以明確之保護，從事發明之人，才不會害怕構想之剽竊而隱匿，而放心地移轉資訊，增加資訊之流通，以刺激發明。因此，營業秘密保護之目的，與專利法相同，均在於鼓勵研究發明，後者以獨占使用相當之時間，作爲公開之代償，而前者對於維持相當秘密性之資訊，給予適當之保護，以鼓勵發明。

第三項　隱私權之保護

德國法上自一般人格權衍生出個別人格權中之秘密權，旨在於保障無權公布或以其他方法使用私人函件，以防止有減損人格之行爲。因此，以不正當之方法取得他人之秘密爲人格權之侵害（注十）；且認爲不正競爭防止法中侵害營業秘密之刑事罰，所保護之法益爲人格權（注十一）。美國之實務，亦認爲除了經濟因素之外，營業秘密在於保護最基本之人權，卽個人之隱私權，以懲罰工業間諜（注十二）。

第二節　我國營業秘密之保護

首先將營業秘密之用語，加以釐清。德、瑞、英、美均稱爲營業秘

注　九　參蘇永欽，論不正競爭和限制競爭之關係——試從德國現行法觀察，臺大法學論叢第一一卷第一期，七十年十二月，頁六〇。

注　十　施啟揚，從個別人格權到一般人格權，臺大法學論叢第四卷第一一期，六十三年十月，頁一四七。

注十一　參佐久間修，企業秘密の侵害と刑事責任，判例タイムズ第三六卷第二八號，1985年12月，頁十三。

注十二　Kewanee Oil Co. v. Bicron Corp., 416 U.S. 470, (1973), Melvin F. Jager, supra note 7, at p. 1-14.

密（注十三）， 日本有稱之爲企業秘密、 營業秘密或財產性情報（注十四）， 我國對於營業秘密之用語,亦尚未統一,有稱工商秘密（注十五）、有稱產銷機密、 技術秘密（注十六）、 有稱秘密方法（注十七）、或稱營業秘密（注十八）、 產業秘密（注十九）。 本文以爲營業秘密爲對於營業上有正當經濟價值之資訊,可使所有人取得競爭上之優勢, 而「營業」則爲「以營利爲目的之事業」, 在概念上較爲相符; 至於所謂「企業」雖爲經濟活動, 但不以營利目的爲限（注二〇）, 故不宜稱爲企業秘密; 如稱「工商秘密」, 則似將農業秘密除外, 亦不妥當; 而稱秘密方法、技術秘密、產銷機密, 則未包括其秘密性爲具有經濟價值之內涵, 並不妥適, 故本文以「營業秘密」稱之。

本項以我國營業秘密之保護爲中心, 討論其缺失。

第一項 民事法規

對於侵害營業秘密之救濟, 依據學者及實務之見解, 其保護之法律依據有:

注十三 參蔣次寧, 營業秘密之保護與民事救濟, 臺大碩士論文, 六十六年, 頁十三。

注十四 生田典久, 米・英における企業秘密の保護, ジュリスト428號, 1969年7月, 一文稱「企業秘密」; 小橋馨, 營業秘密の保護と裁判公開の原則, ジュリスト 962 號, 1990年9月, 一文則稱「營業秘密」; 橫田俊之, 財產的情報の法的救濟制度, ジュリスト954號, 1990 年4月, 一文稱「財產性情報」。

注十五 甯育豐, 論美國對工商秘密之保護, 政大法學評論第五期, 六十年十二月, 則稱「工商秘密」。

注十六 公平交易法第十九條第五款。

注十七 所得稅法第八條第六款。

注十八 學者徐火明、楊崇森、蔡明誠、蔣次寧、許智誠在其相關著作, 均稱「營業秘密」。

注十九 參蔡明誠, 公平交易法對營業秘密之保護, 政大法學評論第四四期, 八十年十二月, 頁二七五。

注二〇 參廖義男, 注四之文, 頁一二一。

第一款　侵權行為

一、民法第一八四條第一項後段

學者認為因信賴關係而獲悉營業秘密，竟違背此種信賴關係，或引誘他人違背此種信賴關係，應認為其具有欠缺誠信之過失，可構成良俗之違背，常與未必故意結合，而充實其行為之違法性；或以競爭為目的之侵害營業秘密行為，至少具有未必故意之加害意思，故營業秘密之不正競爭行為，可認為違背良俗之加害行為；或如以取得競業者之營業秘密，而延攬競業者之受雇人，涉及侵害他人債權之利益，為干擾他人契約關係，應認為其有違背良俗之行為，故得依民法第一八四條第一項後段請求賠償（注二一）。

司法院第一廳研討結論認為 Know-how 即「技術秘竅」，為工商秘密之一種。一般專利權人雖已將專利內容公開，但仍保有一點技術秘訣，他人雖已了解其專利知識，但亦無法徹底的學習模倣，故技術秘竅非屬於專利權之範圍，不受專利權之保護，雖然其不在專利權之保護範圍，但常與專利權一起授權，卻是很重要之一環，如將技術秘竅洩漏者，對所有人亦是莫大之損害，應在法律尋求保護途徑。故認為無保密義務之一般人，如侵害他人之營業秘密，致其受損害者，可依民法第一八四條第一項後段，故意以背於善良風俗之方法，加損害於他人，向侵害人請求賠償（注二二）。

在實務上，全友公司與力捷公司一案，原告主張被告等在原告公司，實際參與光學閱讀機之研究發展與改良工作，竟為謀取不當利益，明知原告對該光學閱讀機之相關技術，享有相當之利益，仍以不公平之

注二一　參蔣次寧，注十三之文，頁八九、頁九〇；另參許智誠，營業秘密之立法趨勢與政策課題，法令月刊第四十卷第一一期，七十八年十一月，頁三五六。

注二二　司法院第一廳編輯，民事法律專題研究（四），七十六年六月，頁九六～九七亦採之。

競爭手段，擅自利用該技術製造光學閱讀機產品販售，核其所為，顯屬
「故意以背於善良風俗之方法，加損害於他人」。新竹地方法院判決認
為從鑑定意見書，實難以認定被告所產製之光學閱讀機係抄襲原告所產
製者，故原告主張被告故意以背於善良風俗之方法加損害於原告，顯屬
無據（新竹地方法院七十九年度訴字第五七九號判決）；高等法院則認
為，兩造並無競業禁止之約定，被告等人之離職，雖其藉以離職之理由
與實際不符，亦無悖於善良風俗，其離職後從事與原告公司同一之行
業，亦無不當競爭之侵權行為可言（高等法院七十九年度重上字第七五
號判決）；最高法院認為該光學閱讀機，非原告自行開發之特有技術，
原告禁止被告製造或銷售為無理由，且兩造間並無不競業之約定，被告
等辭職他就，無背於善良風俗（最高法院八十年度臺上字第四四〇號判
決）。

自上開案例可知，所謂善良風俗為國民一般之道德觀念，為一不確
定之法律概念，並無具體之內涵，就時代之變遷而具有不同之意義，因
其意義之不確定，增加適用上許多困擾，可能因承審法官之觀念不同，
而有不同之認定，此對於所有人之保護，並不周全。

二、民法第一八四條第二項

學者認為如依法令或契約有守因業務知悉或工商秘密之義務，而無
故洩漏之者（刑法第三一七條），公務員或曾任公務員之人，無故洩漏
因職務知悉或持有他人之工商秘密者（刑法第三一八條），為他人處理
事務，意圖為自己或第三人之不法利益，或損害本人之利益，而違背其
任務之行為，致生損害於本人之財產或其他利益者（刑法第三四二條），
此際，侵害營業秘密之行為，以上開法規為其行為侵害之直接客體，具
有違法性，被害人可依民法第一八四條第二項，以違反保護他人之法律
者，推定有過失，請求損害賠償（注二三）。司法院第一廳亦採此見解

注二三　參蔣次寧，注十三之文，頁八七～八八。

（注二四）。

　　依勞動基準法第十二條第五款規定，勞工故意洩漏雇主技術上、營業上之秘密，致雇主受損害者，雇主得不經預告終止雇傭契約，因此，勞工故意洩漏雇主之營業秘密，倘法令及契約均未明定守密義務，學者認爲亦成立民法第一八四條第二項之侵權行爲（注二五）。 但如無違反上開法規，則不得依本條之規定救濟。

　　三、民法第一八四條第一項前段

　　實務上依據司法院第一廳之研討結論，認爲構成刑法第三一七條、第三一八條、第三四二條之罪者，可依民法第一八四條第一項前段請求賠償（注二六）， 似認爲營業秘密具有權利之性質。

　　學說上對於營業秘密是否爲權利或利益？ 有以下不同之見解:
甲說: 有認爲營業秘密並非權利， 僅具有財產利益之性質 （注二七）。
　　　　據此推論， 則不得依民法第一八四條第一項前段，請求賠償。
乙說: 有認爲可仿德國， 將營業秘密視爲企業權，得依民法第一八四條
　　　　第一項前段請求（注二八）。

　　本文認爲應賦予營業秘密具有智慧財產權之性質，得依本條之規定請求損害賠償，理由將於本文第二章第二節有關營業秘密之性質中詳細討論。

　　綜上述， 依據侵權行爲法規，作爲侵害營業秘密之救濟時，可能因「善良風俗」之意義不確定、無違反刑事法規或勞動基準法之規定、或

注二四　司法院第一廳編輯，注二二之書，頁九六～九七。
注二五　謝銘洋，營業秘密侵害之類型觀察與責任分析，資訊法務透析，八十
　　　　一年八月，頁四七。
注二六　司法院第一廳編輯，注二二之書，頁九六～九七。
注二七　參蔣次寧， 注十三之文，頁四六； 另參林賓，專利權保護制度之研
　　　　究，文化碩士論文，七十三年六月，頁三〇一，亦採之。
注二八　參蔡明誠，注十九之文，頁二七四。

營業秘密之性質爲權利或利益之見解不同，而無法適用。但最重要的
是，侵權行爲法規只能請求損害賠償，而無不作爲請求權，然而不作爲
請求權得防止營業秘密之洩漏與侵害之繼續與擴大，實爲其最重要之救
濟方法，故以侵權行爲法規保護營業秘密，尚有其不足之處。

第二款　契約責任

如當事人訂有保密契約，有一方違約，得依契約請求損害賠償。雙
方應明確約定保密契約之內容、範圍及違約金之數額。至於違約金之性
質，就採取懲罰性違約金或爲損害賠償預定總額違約金，宜於契約中一
併約明，以杜爭議。惟當事人間須有契約關係，始受契約之保護，如無
契約關係，則無法依據契約請求救濟。

第三款　間接保護法規

另外，間接保護營業秘密之法規有五（以下五條法規之立法理由均
在於保護營業秘密）（注二九）：

一、民法第五六二條

經理人或代辦商，非得其商號之允許，不得爲自己或第三人經營與
其所辦理之同類事業，亦不得爲同類事業公司無限責任之股東。

二、公司法第三二條本文

經理人不得兼任其他營利事業之經理人，並不得自營或爲他人經營
同類之業務。

三、公司法第五四條第一、二項

無限公司之股東非經其他股東全體同意，不得爲他公司之無限責任
股東，或合夥事業之合夥人。執行業務之股東，不得爲自己或他人爲與
公司同類營業之行爲。

四、公司法第一一五條準用同法第五四條第一、二項

注二九　參蔡章麟，誠實信用原則與不正競業之禁止，法令月刊第二卷第四
　　　　期，四十年四月，頁十三。

兩合公司之無限責任股東，非經其他股東全體同意，不得爲他公司之無限責任股東，或合夥事業之合夥人，不得爲自己或他人爲與公司同類營業之行爲。

五、公司法第二〇九條第一項

董事爲自己或他人爲屬於公司營業範圍內之行爲，應對股東會說明其行爲之重要內容，並取得許可。

上開競業禁止之規定，僅能保護經理人、董事、股東、代辦商在其任職中或具有該身分時，不爲競業行爲，但大多數侵害營業秘密之競業行爲，均發生於渠等離職後或不在其位時，故上開法規亦無法完全保護營業秘密所有人。

第二項　刑事法規

第一款　洩漏工商秘密罪（刑法第三一七條、第三一八條）

依法令或契約有守因業務知悉或持有工商秘密之義務，而無故洩漏之者，按刑法第三一七條規定處罰。

公務員或曾任公務員，無故洩漏因職務知悉或持有他人之工商秘密者，按刑法第三一八條之規定處罰。

第二款　竊盜罪（刑法第三二〇條、第三二三條）

刑法竊盜罪之行爲客體，原則上爲有體物，營業秘密如附著於有體物上，而爲行爲人不法竊得，始構成竊盜罪，茲分以下四種情形討論之（注三〇）：

一、如附著於有體物，行爲人不法竊走而未歸還者，構成竊盜罪。

二、如附著於有體物，行爲人不法竊走後複製再放回原處者，因我國不處罰使用竊盜，故不爲罪。

注三〇　參許智誠，注二一之文，頁三五六。

三、如行爲人利用所有人之電器，如終端機、印表機、或影印機等電子設備，複製營業秘密之內容，而未取走營業秘密所附著之有體物者，可能構成刑法第三二三條電氣竊盜罪。

四、如行爲人自行利用自己所携帶之儀器，複製營業秘密之內容，而未取走營業秘密所附著之有體物者，亦無處罰明文。

以上所論述，係僅依是否竊盜含有營業秘密之有體物，予以認定，如單純複製取得該有體物內之營業秘密，則不爲罪。

在實務上，如財團法人工業技術研究院（下稱工研院）之員工離職案，告訴人工研院主張被告於到職時，均簽訂秘密保持契約，惟其離職前，竟複製告訴人所設計 IC 產品之機密性資料，並携回家中，且離職時亦未返還，認爲被告無權持有該文件，構成竊盜罪及侵占罪，惟臺北地檢署認爲被告在任職期間影印其所持有告訴人之機構文件，以爲自行研究參考，並未竊取他人動產或私將他人持有之物，移置於自己或第三人支配之情事，故不構成竊盜及侵占罪（臺北地方法院檢察署七十七年度偵字第二四五號）。

第三款　侵占罪（刑法第三三五條至三三八條）

營業秘密如附著於有體物上，行爲人意圖自己或第三人之不法所有，而侵占自己持有該有體物者，構成侵占罪。如因公務、公益或業務而持有而侵占者，有加重處罰之規定。侵占罪亦會發生複製自己所持有他人之營業秘密內容，而不成立犯罪，如上開所述之情形。

第四款　背信罪（刑法第三四二條）

藉爲他人處理事務之便，意圖爲自己或第三人之不法所有或損害本人之利益，而違背其任務之行爲，致生損害於本人財產或其他利益者，構成背信罪。此種較易發生於受雇人藉職務之便，得悉公司秘密，而洩漏於競爭對手之情形（注三一）。

注三一　同前注。

第五款　專利法第九四條

專利局職員洩漏因職務上所知關於專利之發明，或申請人事業上之秘密，處以刑罰。

第六款　專利代理人規則第八條

專利代理人洩漏或盜用職務上所知關於委託人發明或創作，處以刑罰。

綜上述，以竊盜罪、侵占罪處罰營業秘密之侵害行為，基於罪刑法定主義，許多具有重大惡性之行為，如員工未經公司同意，複製公司機密性之文件，似無法予以處罰，如依洩漏工商秘密罪或背信罪、專利法等規定，則以具備一定之身分為行為主體，如未具備該身分者，除有共犯之情形，亦無處罰之依據，因此以刑事法規保護營業秘密，亦有其缺失。

第三項　公平交易法

茲依據公平交易法（下稱公交法）之規定，說明營業秘密之保護：

第一款　營業秘密之定義

產銷機密、交易相對人資料或其他有關技術秘密。

第二款　侵害行為

以脅迫、利誘或其他不正當之方法，獲取他事業之產銷機密、交易相對人資料或其他有關技術秘密之行為（公交法第十九條第五款）。

第三款　救濟

一、刑事救濟

違反前揭規定，經中央主管機關命其停止其行為而不停止者，處行為人二年以下有期徒刑、拘役或科或併科新臺幣五十萬元以下罰金（公交法第三六條）。此所謂行為人係指實際決定事業行為之事業負責人

（注三二）。法人犯該條之罪者，除處罰其行為人以外，對法人亦科以該條之罰金，採取兩罰規定（公交法第三八條）。

二、民事救濟

（一）不作為請求權

事業違反前揭規定，致侵害他人權益者，被害人得請求除去侵害，有侵害之虞者，並得請求防止之（公交法第三〇條）。學者認為此不作為請求權之構成要件，以有客觀違法性為已足，至於是否有故意、過失之主觀要件，則非所問（注三三）。惟本文以為依據公交法第十九條第五款之規定，似認為行為人應具備故意之主觀要件。

（二）損害賠償請求權

事業違反前揭規定，致侵害他人權益者，應負損害賠償責任（公交法第三一條），析其要件有（注三四）：

1. 侵害行為：如威脅、利誘之方法。

2. 侵害他人之權益：公交法似將營業秘密視為權益，而未區分權利或利益。

3. 有損害發生：由於損害額難以證明或損害額不大，致使被害人往往無法求償或不願求償，此種情形將造成對不法行為之縱容與鼓勵，乃參照美國立法例，另設如為事業之故意行為，法院得依侵害情節，酌定損害額以上之賠償，但不得超過已證明損害額之三倍，另一種計算損害賠償之方法為，侵害人如因侵害行為而受有利益，其利益如超過被害人所受損害額時，得專就該項利益計算損害額，以免加害人保有不法利益，致生不公（公交法第三二條）。

注三二　參廖義男，公平交易法對於違反禁止行為之處罰規定，政大法學評論第四四期，八十年十二月，頁三三六。
注三三　參蔡明誠，注十九之文，頁二七八。
注三四　同前注。

4. 違法性: 卽無阻卻違法性之事由存在。

5. 有責性: 行爲人有故意、過失爲要件。

不作爲請求權及損害賠償請求權之時效，係自請求權人知有行爲及賠償義務人時起，二年間不行使而消滅。自爲行爲時起，逾十年者，亦同（公交法第三三條）。

（三）判決書之揭載請求權

爲回復受害人之信譽，得請求由侵害人負擔費用，將判決書之內容登載新聞紙（公交法第三四條）。此所稱判決書，應指民事判決書，而不及於刑事判決書，係因公交法第三四條所稱「向法院起訴」似非指刑事訴訟而言。惟有學者認爲刑事判決書之揭載，亦有補償及恢復聲譽等功能，宜肯定此一請求權（注三五）。公交法之刑事救濟，係採非告訴乃論，由中央主管機關認定有「妨害公平競爭之虞」、「不正當之方法」後，移送檢察機關起訴，故公交法第三四條規定「被害人依本法之規定向法院起訴時」，有判決書揭載請求權，應指民事訴訟而言，因此，如欲肯定刑事判決書之揭載請求權，似有修法之必要。惟本文認爲營業秘密以秘密性爲必要，判決書之揭載，可能影響及營業秘密之消滅，且判決書之揭載，並非回復被害人聲譽之唯一方法，由被害人自行選擇適當回復聲譽之方法，似較妥適，如登載道歉啟事等。

三、行政責任

公平交易委員會對於侵害營業秘密之行爲，得限期命其停止或改正其行爲，逾期仍不停止或改正其行爲者，得繼續限期命其停止或改正其行爲，並按次連續處新臺幣一百萬元以下罰鍰，至停止或改正爲止（公交法第四一條）。

注三五　同前注，頁二七九。

第三節　公平交易法規定之缺失

以民事法規、刑事法規作爲營業秘密侵害之救濟，確有其不足之處，已如前述，而依公平交易法第十九條第五款之規定，雖有加強營業秘密之保護，但仍有許多缺漏，茲說明如下：

第一項　自實體而言

第一款　定義不明確

公平交易法第十九條第五款事實上對於營業秘密並未定義，只說明營業秘密之對象或客體而已。條文所稱「產銷機密、交易相對人資料、其他有關之技術秘密」並未明確界定其意義，概念仍屬模糊，例如產銷機密，自其文義解釋，只能說明有關生產銷售之秘密，卻無法說明該秘密是否具有經濟價值？是否爲非周知之資訊？致使在適用時可能發生許多爭議，違反公序良俗之資訊，如公害、逃稅之資訊；涉及危害人體生命、健康、安全或國家利益之資訊，是否爲營業秘密？而營業秘密定義不明確，可能使雇主與員工間之關係，難以適從，致不當侵害員工之權益（注三六）。

在公平交易法制定之前，學者即爲文呼籲立法首重文義明確（注三七），但在公平交易法第十九條第五款之法文中，仍有「不正當方法」之不確定概念，在立法過程中，亦有學者對此提出質疑（注三八）。由

注三六　Suellen Lowry, Inevitable Disclosure Trade Secrets Disputes: Dissolutions of Concurrent Property Interests, *V. 40, No. 2, Standford Law Review*, Jan' 1988, at pp. 519-520.

注三七　參林榮耀，從憲法保障國民經濟之規定，談公平交易法之制定，法學叢刊第一〇三期，七十年九月，頁九二。

注三八　參立法院經濟委員會編印，審查公平交易法草案參考資料，七十六年九月，頁二八九。

於我國係採刑事罰，如此規定，依罪刑法定原則，顯有不當侵害人權之虞。

凡此，均有賴借鏡外國立法例及實務之見解，以供參考。

第二款　保護範圍過狹

就侵害類型而言，公平交易法及刑事法規僅處罰不法取得行為及違反依法定或約定保密義務之無故洩漏行為。如正當取得營業秘密之受雇人、被授權人、製造商，未簽訂秘密保持契約，竟惡意將其洩漏、公開、使用者，依據罪刑法定原則，不予處罰，如此保護並不周延。質言之，公平交易法僅處罰不法取得行為，而不及於不法使用、不法洩漏行為；洩漏工商秘密罪，亦僅處罰正當取得人之不法洩漏行為，而不及於其不法使用行為。雖有學者建議在第十九條第五款下面加上「或使用該秘密從事競爭之行為」，將未經同意之不法使用營業秘密之行為，亦列為侵害行為（注三九）。但如此之補充規定仍有未足。

就行為客體而言，公平交易法似僅將營業秘密之所有權主體，限於公平交易法第二條所稱之事業，如公司、獨資或合夥之工商行號、同業公會、其他提供商品或服務從事交易之人或團體，及第三條所稱與事業進行或成立交易之供給者或需求者之交易相對人，而不及於單純從事發明之自然人，因此，侵害自然人之營業秘密則無處罰依據。

就行為主體而言，公平交易法僅以公平交易法第二條所稱之事業作為處罰之對象，至於自然人以脅迫、利誘或其他不正當之方法，取得他事業之營業秘密者，亦不為罪，例如員工惡意以不正當之方法，取得公司之營業秘密，則無處罰依據；第三人非直接以不正當方法取得營業秘密，而間接經由他人以不法手段或違反保密義務取得，且明知該事實，仍加以使用、洩漏者是否亦成為處罰之對象？ 有賴參考外國立法例，

注三九　參呂榮海、謝穎青、張嘉真等三人合著，公平交易法解讀，月旦出版社有限公司，八十一年二月初版，頁一二四。

加以研究。

第三款　欠缺善意第三人之保護

第三人基於善意取得他人不法取得之營業秘密，並支付相當對價者，是否應予保護？殊值研究。

第四款　欠缺權利歸屬之明文

在決定是否有營業秘密之侵害行為前，首須決定權利之歸屬，尤其在僱傭關係中權利之歸屬，更難區分，惟公平交易法對此均無規定，似有增列之必要。

第五款　刑事罰及行政罰，無從救濟營業秘密之侵害

依據公平交易法第三六條規定，公平交易委員會對於侵害營業秘密之行為，得限期命其停止其行為而不停止者，始處以刑罰。立法之本意，係因是否有「不正當之方法」、「有妨害公平競爭之虞」，宜先由公平交易委員會之專責機關認定，始受刑罰制裁為妥，其為一種附從行政監督之處罰規定（注四〇），惟有時一有侵害營業秘密之行為，即使營業秘密消滅（如取得後之公開行為），因此，如以公平交易委員會之停止命令為刑事處罰之要件，則刑罰難有適用之餘地。有學者亦認為營業秘密之侵害行為，宜獨立規定為妥（注四一）。

同樣地，依據公平交易法第四一條規定「公平交易委員會對於違反本法規定之事業，得限期命其停止或改正其行為，逾期仍不停止或改正其行為，得繼續限期命其停止或改正其行為，並按次連續處新臺幣一百萬元以下之罰鍰，至停止或改正為止。」準此，行政罰以主管機關命行為人停止而不停止為處罰要件，如行為人不法取得營業秘密即公開致營業秘密消滅，其實際已違反公平交易法之規定，但如其因主管機關命其停止而即停止其行為者，依上開規定，仍得免於處罰，則不啻縱容行為

注四〇　參廖義男，注三二之文，頁三五三。
注四一　參蔡明誠，注十九之文，頁二八〇。

人之違法行為，行政罰亦無適用之餘地，故上開規定不當之處，至為明顯。

　　且公平交易法第三八條及第四一條，對於法人同時科以刑事罰與行政罰似有對於同一主體同一行為重複處罰之情事，亦有研究之必要。且第三八條僅規定對於法人科以罰金，而對於非法人之事業則無處罰之規定，是否妥適？亦值研究。

第二項　自訴訟程序而言

　　營業秘密以秘密性為要件，訴訟程序則以公開審理為必要（法院組織法第八六條）。請求保護營業秘密之訴訟，即有喪失營業秘密之危險（注四二），因此，如何在訴訟程序加以保障，即有研究之必要。

　　綜上所述，我國實有必要參考外國立法例及實務見解，在立法上修正或藉由判例累積，予以正確之適用。以下各章將陸續介紹保護營業秘密之立法例。

注四二　鎌田隆，ノウハウ法的保護，引自湯淺・原法律事務所編，知的所有
　　　　權の保護——その實務傾向，1977年12月初版第三刷，頁六八八。

第二章　營業秘密之基本概念及其歸屬

第一節　概　說

由於我國對於營業秘密並無定義，且其性質亦未見一致，考之美國，早在西元一八三七年卽出現侵害營業秘密之判決，經過百餘年來判例之累積，於西元一九三九年由美國法律學會制定侵權行爲法整編，對營業秘密予以明確之定義。惟科技發展之快速，侵權行爲法整編之規定，已不符合時代之要求，乃在西元一九七九年復由統一州法全國委員會，訂立統一營業秘密法，擴大營業秘密之定義，以保護高科技之智慧財產；日本則在西元一九九〇年始修正不正競爭防止法，增加營業秘密之保護，正式對營業秘密加以定義；而德國雖未於法律條文中，明定營業秘密之意義，但由聯邦法院作成統一之見解。美、日、德之規定，得否供我國參考？爲本章第二節所討論之重點。

另外，我國營業秘密保護之主體，似僅限於公平交易法第二條及第三條規定之事業與交易相對人，是否有擴大保護之必要？在認定營業秘密之侵害行爲，首須決定營業秘密所有權之歸屬，而雇傭關係中權利之歸屬，最難以認定，似有予以明文規定之必要，而營業秘密之共有關係、讓權、消滅，亦有許多問題有待討論，本章第三節卽針對上述問題，一一討論之。

第二節　營業秘密之意義、要件及性質

第一項　營業秘密之意義及要件

第一款　美　國

　　由於營業秘密爲普通法之產物，與專利權、著作權係源於憲法之授權不同，其乃經由判例之累積逐漸形成，因此各州之定義，均有不同（注一），目前較爲各州所採納者爲：一、侵權行爲法整編第七五七條注釋（b）之定義；及二、統一營業秘密法之定義，茲將其一一介紹如下：

　　一、侵權行爲法整編

　　首須說明的是，侵權行爲法整編爲美國法律學會（American Law Institute）侵權行爲法委員會於一九三九年彙編而成，惟至今其對於不正競爭規範之影響已日益減少，乃於一九七八年刪除（注二），但其營業秘密之定義，仍爲各州所採納，頗具參考價值。

　　依據侵權行爲法整編第七五七條注釋（b）之定義爲:

「一種營業秘密可包括用於一個人營業上之配方（formula）、模型（pattern）、方法（device）或資料之編纂（compliation of information）且使其獲得較不知或不使用該秘密之競爭者爲有利之機會，它可以是一種化學混合物之配方；製造處理或保存物料之方法；機械之模型或其他顧客名單；與其他營業上秘密資訊不同，營業秘密並非處理業務

注　一　Peter C. Quittmeyer, Trade Secrets and Confidential Information Under Georgia Law, *V. 19, No. 3, Georgia Law Review,* Spr' 1985, p. 633.

注　二　Francois Dessemontet, H. W. Clarke translated, *The Legal Protection of Know-how in The United States of America,* Fred B. Rothman & Co., 1976, at pp. 23-24.

上單一或短暫事件之資訊（例如對某契約秘密投標之數額或其他條款，或特定受雇人之薪津，或已做或預期要做之證券投資，或預定宣示某種新政策，或實行新模式之日期）而係在業務上營業上繼續使用之程序或方法，通常也涉及商品之生產，例如生產物品之機械或配方，但亦可能涉及商品之銷售，或其他商業上之營業，例如決定價目表、或目錄上之折扣，或其他讓步之代號，或專門化顧客名冊或記帳，或其他辦公室之管理方法」（注三）。

　　有學者認為要明確定義營業秘密是不可能的，因為任何資訊，都可能成為營業秘密，有關貨物之生產、販賣、價格之決定等均為營業秘密（注四）。

　　分析其要件如下：

　　（一）新穎性（novelty）

　　如某種構想已為公共所有，則不能再由任何人獨占使用，猶如著作權須有原創性，專利權須有非顯而易知性，始受保護，惟美國最高法院認為營業秘密所須之新穎性，不需如專利法上之新穎性那樣嚴格，但至少隱含一點新穎性以證明其非周知，只要針對非一般人所知悉之構想即可，如將周知之概念加以重新組合，亦構成新穎性，例如華盛頓最高法院認為將眾所周知之程式語言，以特殊之邏輯，加以組合，產生獨特之產品，即構成新穎性（注五）；機器之所有成分為眾所周知，但其最後之機器所產生之結果為獨特者，亦構成新穎性（注六）；賓州法院即認

注　三　本條譯文係參照楊崇森，美國法上營業秘密之保護，中興法學第二三
　　　　期，七十五年十一月，頁二四九。
注　四　Robert C. Scheinfeld & Gary M. Butter, Using Trade Secret
　　　　Law to Protect Computer Sofeware, *V. 17, No. 2, Rutgers
　　　　Computer and Technology Law of Journal*, 1991, at p. 382.
注　五　Melvin F. Jager, *Trade Secrets Law, Vol. 1*, Clark Boardman
　　　　Company Ltd., 1989, 11, at p. 5-83.
注　六　Id., at p. 5-79.

為新穎性之要件，只不過是證明該資訊非眾所周知，只要其非一般且普通之知識、經驗、技術，即有新穎性（注七）。惟其與專利法上之先前技術，有何不同？在侵權行為法整編第七五七條注釋 b 項中有如下之說明：「營業秘密可能是可以取得專利之方法(device)或程序 (process)，但不須如此。它可以是先前技術 (prior art) 顯然預期之方法或程序，或只是一個好的機械士能做之機械上的改進。與專利不同，新穎性與發明並非營業秘密必備之要件」（注八）。有時此要件，很難與秘密性之要件區分，經常見到在法院之判決中認為因該資訊已為公共所有，而不具有秘密性，而事實上係欠缺新穎性。綜而言之，只要比一般之知識有些許之進步，即構成新穎性之要件（注九）。因此此所稱新穎性，與專利法上之新穎性所指前所未有之先前技術，有所不同。

亦有判決認為某種資訊事實上被保持機密，此種秘密性至少默示具有最低程度的新穎性，因此，有學者乃認為新穎性之要件係針對資訊之秘密性，非對其物理之特性 (physical characteristic) 而言（注十）。

（二）具體性 (concretness)

某些法院認為一種構想要取得法律之保護，必須轉化為具體之形式，法律並不保護單純之構想與抽象之概念，因此在實驗、發展階段之資訊，不受保護。在伊利諾州 John W. Shawa Advertising Inc. v. Ford. Motor Co. 一案，該案為被告未經原告同意盜用原告一個口述之廣告計畫，法院認為該廣告計畫只是一個抽象之構想，並不受保護，乃認為「由於法院無法明確確定並執行一個抽象之構想，惟該構想轉化

注　七　Id., at p. 5-83, 5-84.
注　八　Id., at p. 5-77. 本處譯文採楊崇森，注三之文，頁二五二。
注　九　Id., at p. 5-84.
注　十　楊崇森，注三之文，頁二五二。

爲具體之形式，　始成爲受保護之財產利益之標的」（注十一）。　且具體
性之要件，可藉以區分受保護之營業秘密與抽象性之一般知識、經驗，
以避免因此妨礙他人之商業機會（注十二）。

　　（三）實質現實之價值

　　所有人因持有該營業秘密，使其獲得較不知或不使用之競業者有利
之優勢地位，即爲有價值，因此如產品與其他公司相同，即未取得競爭
上之優勢，則爲無價值（注十三）。　而且要成爲營業秘密，　須現實之使
用，未付諸實施之單純構想，　尚不構成營業秘密（注十四）。　法院通常
不願將單純之構想提昇爲財產權。

　　（四）使用於商業上

　　依據其定義，營業秘密須用於商業上，非用於商業上之資訊，不受
保護（注十五）。

　　（五）繼續性之使用

　　營業秘密不但需眞正之使用，且需繼續於商業上之使用（continous
business use），只使用一次、短暫性使用之資訊，不受保護，例如契約
叫價，薪資之要約等（注十六）。

　　（六）秘密性

　　此所謂秘密性爲相對性而非絕對性，依據每個情況而定，只要所有
人努力維持其秘密性，並防止外界知悉即可（注十七）。　通常以所有人

注十一　Melvin F. Jager, supra note 5, at p. 5-84, 5-85.
注十二　Peter C. Quittmeyer, supra note 1, at pp. 659-660.
注十三　Melvin F. Jager, supra note 5, at p. 5-88, 5-89.
注十四　Peter B. Swann, Maryland Uniform Trade Secrets Act, *V. 49,
　　　　No. 2, Maryland Law Review*, 1990, at p. 1061.
注十五　Ibid.
注十六　Id., at p. 1062.
注十七　Vytas M. Rimas, Trade Secret Protection of Computer Soft-
　　　　ware, *V. 5, No. 1, Computer Law Journal*, Sum' 1984, at p.
　　　　81.

是否已盡合理之努力，以維持其秘密性爲判斷要素，至於何謂合理之努力，將於統一營業秘密法中秘密性之要件，再詳述之。

此所稱相對性之秘密，並非指任何人均不知，而是有限度之公開於一定範圍之人知悉。因此以特定目的而有限制地公開，營業秘密並不會喪失其秘密性，例如在某項會議或私人旅館展示其營業秘密，或將營業秘密公開給必須知道之受雇人或合夥人，並不會喪失其秘密性（注十八）。

實務上，通常以以下六要素，決定是否構成營業秘密（注十九）：

1. 外在秘密性：該資訊在該商業以外知悉之程度。

2. 內在秘密性：受雇人及商業上所涉及之他人知悉之程度。

3. 秘密之措施：所有人採取秘密防衛措施之步驟。

4. 外在價值性：該資訊對所有人及競業者之價值。

5. 投資：發展該資訊所爲之努力及經費。

6. 取得難易性：他人以合法手段取得或複製該資訊之難易程度。

二、統一營業秘密法

統一營業秘密法於一九七九年八月九日由統一州法全國委員會會議所制定，於一九八五年曾有修正（注二〇）。前已提及者，營業秘密爲普通法之產物，非基於憲法之授權，因此，統一營業秘密法並非各州統一規範，僅由統一州法全國委員會所制定，而由各州依各州之具體情況，採取其定義，因此，各州所使用之文義可能略有不同，但其本質仍

注十八　Melvin F. Jager, supra note 5, at p. 5-47, 5-50.

注十九　Vytas M. Rimas, supra note 17, at p. 79.

注二〇　Philip Hablutzel, Uniform Trade Secrets Act Adoption by the States, 引自 Roger M. Milgrim, *Milgrim On Trade Secrets*, Matthew Bender & Oompany, *Vol. 3*, at Appendix AA, 1990, at p. AA-2.

相同（注二一）。　截至目前爲止，　已有二十九州採用統一營業秘密法之定義（注二二）。

茲將其介紹如下：

依據統一營業秘密法第一條第四項規定（注二三）：

「營業秘密是指情報，包括處方、模型、編纂、程式、設計、方法、技術或過程，而

（一）其獨立之實質或潛在之經濟價值，來自於非他人所公知且他人無法以正當方法輕易確知，而其洩漏或使用可使他人獲得經濟上之價值。

（二）已盡合理之努力維持其秘密性」

茲分析其要件如下，惟其部分要件與侵權行爲法整編相同者，其意義則不再詳述。

（一）新穎性

已爲公共所有之資訊，當然不得爲私人所獨占，已如前述。

（二）具體性

營業秘密法不保護抽象之概念，　在構想尚未轉化爲有用之形式以前，不予保護，乃因太模糊之概念，尚不足以構成財產權，已如前述。

（三）獨立實質或潛在之價值

與侵權行爲法整編第七五七條不同的是，在此只要具有獨立之潛在性經濟價值，即予保護。因此，只要能在商業產品之生產或販賣，更有效率，即可構成營業秘密，不限於已使用於商業，亦不限於繼續性之使用爲必要。　學者 Klitzke 認爲消極資訊（negative information），亦

注二一　Steve Borgman, The Adoption of the Uniform Trade Secrets Act: How Uniform is Uniform? *V. 27, No. 2, IDEA*, 1987, at p. 118.

注二二　Peter B. Swann, supra note 14, at p. 1056.

注二三　本條譯文參楊崇森，注三之文，頁三〇六。

爲營業秘密，消極資訊並不使所有人生產更有效率，但可以因此減省所有人許多研發費用，避免重蹈覆轍（注二四）。但其經濟價值並非爲抽象之概念，而是來自於該資訊爲非周知的且具有秘密性，所有人可自使用或洩漏該資訊，而取得經濟上之價值（注二五）。

（四）不易於取得

如資訊爲他人易於取得，則不許獨占使用。最有爭議者爲顧客名册，如任何人均易於取得者，則非營業秘密。而經過長期嘗試錯誤之經驗，則爲營業秘密（注二六）。至於何種情況爲「不易於取得」，綜合實務之見解有以下幾種情形（注二七）：

1. 有價值之成分未爲人發現有二十年之久，爲不易於取得。

2. 如經還原工程後，非經數年之測試與錯誤，不能取得者卽是。

3. 如經由電話簿、特定字典、貿易刊物、參考書、或其他公開之刊物可取得者，爲易於取得；或該資訊爲競業者所熟悉者爲易於取得（注二八），但如該資訊係經由所有人長期努力，累積相當之經驗者爲不易於取得。

此要件在於保護企業主爲開發營業秘密所花費之時間、經費及努力，而不在於取得資訊本身之難易性。惟亦有學者持相反之看法，學者Klitzke 卽認爲保護營業秘密，與其說是保護其投入之大量勞力、金錢

注二四　Peter B. Swann, supra note 14, at pp. 1063-1064.
注二五　Melvin F. Jager, supra note 5, at p. 5-92.
注二六　Roman A. Klitzke, Trade Secrets: Important Quasi-property Rights, *V. 41, No. 2, The Business Lawyer*, Feb' 1986, at p. 561.
注二七　Melvin F. Jager, supra note 5, at p. 5-32, 5-33.
注二八　Russell W. Adams, Customer Lists As Trade Secrets Under Alabama's New Trade Secrets Act, *V. 41, No. 1, Alabama Law Review*, 1989, at p. 162.

所開發之資訊，不如注重在盜用者不當獲取商業利益之行爲本身違反了公平原則（注二九）。

（五）合理之努力維持秘密性

學者 Milgrim 認爲絕對之秘密性是沒有必要的，只要以合法之手段很難取得卽可（注三〇）。實務亦採相對性秘密之見解，其意義已如前述。在實務上是否爲營業秘密，均先審酌是否已盡「合理之努力」以維持秘密性（注三一）。而何謂「合理之努力」，由於法無明文，綜合學者及實務之見解，整理如下：

1. 關於雇用人之物理設備（注三二）

（1）保存營業秘密之文件已上鎖。

（2）保存營業秘密之地方有警衛、圍牆。

（3）使用營業秘密之地方，與其他非使用營業秘密之地方隔離，並予遮蔽及圍牆，且有機密性之標示。

（4）展示假的成分。

（5）含有營業秘密之電腦終端機、硬體容器應標示「專有機密」（注三三）。

2. 關於受雇人本身（注三四）

（1）所有人應與受雇人締結營業秘密保持契約及競業禁止契

注二九　參許智誠，營業秘密之法律地位及保護概況，經社法制論叢創刊號，七十七一年月，頁二〇二。

注三〇　Peter B. Swann, supra note 14, at p. 1065.

注三一　Peter C. Quittmeyer, supra note 1, at p. 658.

注三二　Patrick P. Philips, The Concept of Reasonableness in The Protection of Trade Secrets, *V. 42, No. 4, The Business Lawyer* Aug' 1987, at pp. 1048-1049.

注三三　Steven J. Stein, Trade Secret Litigation, Practising Law Institute, 1985, at p. 16.

注三四　Michael A. Epstein and Stuart D. Levi, Protecting Trade Secret Information: A Plan for Proactive Strategy, *V. 43, No. 3, The Business Lawyer*, May 1988, at pp. 904-908.

約。

　　(2) 所有人應向受雇人通知特定之資訊為營業秘密。

　　(3) 檢視受雇人所發表之演講及著作內容是否有營業秘密。

　　(4) 以安全手冊等書面紀錄公司之秘密政策。

　　(5) 讓受雇人瞭解營業秘密之法規，並隨時提醒其秘密保持之義務。

　　(6) 受雇人進入公司面試時，應向其強調營業秘密之存在，其離職時，應再次強調秘密保持義務，且要求其立具書面保證不洩漏秘密。

　　(7) 限制受雇人在營業秘密之限制區域外，談論營業秘密。

　　(8) 將營業秘密區分為數個部分，由數個受雇人管理，盡量不要讓一個受雇人知悉全部之營業秘密。

　　(9) 接近營業秘密，須經公司特別允許，且對於接近之人員應作成書面紀錄。

　　3. 關於公司以外之人（注三五）

　　(1) 有監視螢幕限制無關之第三人進入放置營業秘密之地方。

　　(2) 留下訪客紀錄。

　　(3) 訪客進入公司須有人隨行。

　　(4) 限制競業者進入公司。

　　(5) 盡量限制參觀工廠，如要參觀工廠應限制在營業秘密以外之地區。

　　(6) 禁止參觀者錄影或攝影。

　　(7) 拒絕回答有關營業秘密之問題。

　　(8) 所有人應對所有接觸營業秘密之人，通知其為專有資訊，

注三五　Id., at pp. 910-911.

避免他人以不知情而洩漏（注三六）。

　　（9）與第三人從事交易時，應簽訂秘密保持契約（注三七）。

　4.　關於營業秘密本身（注三八）

　　（1）儲存營業秘密之軟體，應設定密碼並每天更新。

　　（2）在傳送營業秘密之過程中可能洩密，應改變傳送頻率。

　　（3）含有營業秘密之垃圾應予銷毀，避免競業者自垃圾取得營業秘密。

　　（4）確定聲請專利權、著作權之內容不含營業秘密。

　5.　所有人之軟體設備（注三九）

　　（1）要指定監視上開保密程序是否已完成之特定監視人員，如為一團體應選出代表人，獨立行使職權。

　　（2）監視人員須先確定何種資訊為營業秘密。

　　（3）監視人員應熟悉公司每日之運作方式及安全系統，並知道應採取之步驟。

　　（4）監視人員應為熟悉營業秘密及智慧財產權之法律顧問。

　　綜上述，何謂合理之努力，非常之繁複，因此應就個案予以判斷，本文茲舉以下二個美國法院之判決說明之。

　　德州刑事上訴法院在一個有關營業秘密竊盜的判決中指出，縱使公司曾同意在刊物、研討會報告及公開會議的演講中公開公司之營業秘密，或將營業秘密公開於提供給政府機關的資料上，營業秘密的地位也不當然喪失，乃因公司已採取必要之措施以保護營業秘密。Miller 法官指出，原告與被告(即原告公司之前受雇人)簽定有三種保密合約，即受雇

注三六　Steven J. Stein, supra note 33, at p. 16.

注三七　Michael, A. Epstein and Stuart D. Levi, supra note 34, at p. 910.

注三八　Id., at pp. 908-909, 1050.

注三九　Id., at p. 901, 913.

時簽署「員工營業秘密確認書」、「發明及公司資訊讓渡書」和離職時簽署「終止雇傭關係營業秘密目錄表」，且該案爭執之程式，被公開的部分只是有關程式某部分的應用及架構，但眞正程式的組合，並未公開，因此營業秘密之地位並不喪失（注四〇）。 自此案例可知， 已盡合理之努力以維持秘密性，如僅公開營業秘密之一部分，營業秘密並不喪失。

而在明尼蘇達州 Electro-Craft Corp. v. Controlled Motion, Inc. 一案，法院以下列理由爲原告敗訴之判決（注四一）：

(1) 未能禁止一般人接近該營業秘密；

(2) 含有營業秘密之文件未上鎖，且未註明機密性；

(3) 與受雇人間之秘密保持契約太過於模糊；

(4) 未向受雇人確實通知該資訊爲營業秘密；

(5) 未禁止外人參觀工廠，且可經由參觀工廠取得營業秘密。

有學者認爲上開判決，課予所有人嚴苛之義務，顯係爲保護受雇人之選擇職業之自由，但可能因此阻礙了科技之發展。從歷史來看，最高科技之發明大多來自於小公司，如果課予過於嚴苛之義務，可能造成小公司之重大經濟負擔，而抑制了發明，同時其亦認爲由於何謂合理之努力，實務之見解未統一，此種不明確可能會使得許多從事發明之公司，無所適從，而不再從事發明（注四二）。

三、分析比較

侵權行爲法整編與統一營業秘密法之區別如下：

(一) 侵權行爲法整編以在商業上使用爲要件，統一營業秘密法則

注四〇　張凱娜譯，載於資訊法務透析，八十一年二月頁，五～七。

注四一　Myrphy Kalaher Readio, Balancing Employer's Trade Secret Interests in High-technology Products Against Employees' Rights and Public Interests in Minnesota, *V. 69, No. 4, Minnesota Law Review*, Apr' 1985, at p. 1000.

注四二　Id., at p. 1004.

無此要件。因此，依據統一營業秘密法，尚在發展、實驗中之發明，或未曾使用於商業上之發明，亦受保護（注四三），而侵權行為法整編則否，此關於高科技之保護尤為重要。

（二）侵權行為法整編以繼續性之使用為要件，統一營業秘密法則無此要件。依據統一營業秘密法，只使用一次之資訊，即受保護，如市場調查報告，而侵權行為法整編則否（注四四）。

（三）侵權行為法整編以實際之經濟價值為必要，而統一營業秘密法則以潛在之經濟價值即可。營業秘密是否有實際經濟價值，須所有人已在商業上使用來衡量，由於統一營業秘密法則不以此為必要，如某資訊有潛在之經濟價值，但尚無機會使用於商業上（注四五）及消極資訊（negative information）（注四六）均受保護。

（四）侵權行為法整編以所有人所花費之時間、努力以證明營業秘密之存在，而統一營業秘密法則以「不易於取得」為要件。前者在於保護所有人投下之金錢、努力、時間所開發之資訊，避免他人搭便車之行為，而後者其文義雖有不同，但均以所有人取得該資訊所花費之時間、金錢為判斷標準。

綜合而言，統一營業秘密法之定義較廣。學者亦有認為侵權行為法整編之內容已陳舊過時（注四七），且其為一九三九年所制定，其間未曾修正，雖有數州採用，但只用於保護工業之發展，而非高科技之產品，且如此時間之代溝，必定阻礙了營業秘密之保護，亦阻礙了高科技之發展（注四八）。

注四三　Roman A. Klitzke, supra note 26, at p. 560.
注四四　Peter B. Swann., supra note 14, at p. 1062.
注四五　Vytas M. Rimas, supra note 17, at p. 78.
注四六　Peter B. Swann, supra note 14, at p. 1064.
注四七　Ame'de'e E. Turner, *The Law of Trade Secrets*, London Sweet & Maxwell Limited, 1965, at p. 23.
注四八　Myrphy, Kalaher Readio, supra note 41, at pp. 990-991.

第二款　日　本

日本基於產業界之要求，及國際性之壓力、勞動人口之流動化之背景下，於一九九〇年六月二十二日通過修正不正競爭防止法，加強營業秘密之保護。茲將其介紹如下（注四九）：

不正競爭防止法第一條第三項前段規定

「作爲秘密加以管理之生產方法、販賣方法及其他事業活動有用之技術上或營業上且非公知之情報」

分析其要件如下：

一、非公知

營業秘密之具有財產性價值之保護利益，乃以一般人不知爲必要，如爲公共所有，即無保護價值。再者，此所謂非公知，係指相對性之秘密，亦卽秘密所有人限定一定之人爲範圍，作爲秘密公開之對象，人之範圍雖有擴大，但不影響秘密之持續，惟不得置於任何人皆得接觸之狀態，否則，卽失其秘密性（注五〇）。在國內之營業秘密，而於國外洩漏而公開者，營業秘密卽消滅；又知悉同一營業秘密之複數企業，只要各企業保持秘密，不失其秘密性者，仍得各自獨占該資訊（注五一）。

二、作爲秘密加以管理

如不將其適當之管理，任由第三人使用者，恐將危及交易安全，且未適當管理，無異任由他人使用（注五二）。以作爲秘密管理爲要件，可藉以區分一般知識與所有人之營業秘密，始不致影響受雇人選擇職業之自由（注五三）。所有人主觀上，須將該資訊作爲秘密加以管理之意

注四九　參橫田俊之、熊谷健一、廣實郁郎、中村稔，改正不正競爭防止法における營業秘密の法的救濟制度について，ジュリスト962 號，1990年 9 月，頁二〇。
注五〇　參小野昌延，注解不正競爭防止法，株式會社青林書院，1991年10月初版 2 刷，頁二九二。
注五一　參石角完爾，企業秘密／トレード・シークレット，第一法規出版株式會社，1988年 3 月初版，頁三一。
注五二　參小野昌延，注五〇之文，頁二八八。
注五三　參橫田俊之、熊谷健一、廣實郁郎、中村稔，注四九，頁二六。之文

思，於客觀上，須有列爲機密加以管理之狀態（注五四），有學者甚至
認爲須以自己管理爲必要（注五五）。至於管理之程度爲何？須至他人
非採不正手段無法知悉之程度（注五六）。例如對於公司之受雇人，應
簽訂秘密保持契約，或在含有營業秘密之文件，加註機密性之文義，
並禁止無關之第三人任意進入　放置營業　秘密之地方等情況，加以判斷
（注五七）。

三、有用之技術上或營業上情報

所謂有用性，係指除了所有人認爲該情報有價値外，尚須客觀上有
價値，舉凡對於生產、販售、研究、開發等事業活動直接有用之情報，
推行事業活動上有助於節省費用，改善經營效率之資訊，如失敗之實驗
報告、顧客名册、設計圖等均屬之（注五八）。至於董事長之醜聞爲個
人之隱私權（注五九）；常務會議錄爲企業隱私權，因其不能使企業取
得競爭上之優勢，均非營業秘密（注六〇）。在修正前有學者認爲只要
以秘密性爲要件，故企業之組織、財務、人事異動資料均爲營業秘密
（注六一），唯本次修正後該資訊爲營業秘密？抑爲企業隱私權？則視
其是否有經濟價値而定。

四、有正當利益

學者認爲違反公序良俗之資訊，非營業秘密，例如公害、逃稅、違

注五四　同前注，頁二二。
注五五　中山信弘，營業秘密の保護の必要性と問題點，ジュリスト 962 號，
　　　　1990年 9 月，頁十五。
注五六　參小野昌延，注五〇之文，頁二八八。
注五七　小野昌延，わが國の判例，載於日本工業所有權法學會年報第十三
　　　　號，1990年 5 月，頁五九。
注五八　參橫田俊之、熊谷健一、廣實郁郎、中村稔，注四九之文，頁二二。
注五九　中山信弘，注五五之文，頁十六。
注六〇　參石角完爾，注五一之文，頁二七。
注六一　竹田稔，名譽プライバシー・企業秘密侵害保護の法律實務，タイヤ
　　　　モンド社，1976年，頁一八二。

反勞工法令之資訊（注六二）。但在法文中並未明定，其理由有四（注六三）：

（一）違法之營業秘密，不該當於有用性。

（二）解釋上，應保護者當然為正當利益，不及於違法利益。

（三）民事法上本有權利濫用之法理，得作為解釋之依據。

（四）在各國立法例亦無正當利益之文字。

因此，在實務運作上有待判例之累積。學者亦一再呼籲明確定義營業秘密之範圍，才不致於妨害勞工之權益（注六四）。

第三款 德 國

德國之不正競爭防止法，對於營業秘密並未定義，依據聯邦法院及學說之見解，認為營業秘密係指所有與營業有關且尚未公開之資訊，只要所有人對其有保密之意思，且該秘密之保持對所有人而言，有正當之經濟利益，其要件有三（注六五）：

一、未經公開

營業秘密須未經公開，雖非任何人均不知，但只屬一定保有秘密權限之人知悉，而非外界周知卽是，乃採相對性秘密之見解（注六六）。

又營業秘密與專利法上新穎性之概念不同，而不以絕對新穎性為必要，如已經使用過之方法，由於經過相當長久之時間而遭人遺忘，仍可能成為營業秘密（注六七）。

注六二 參橫田俊之，財產的情報の法的救濟制度，ジュリスト954 號，1990年4月，頁七七。

注六三 參小野昌延，注五〇之文，頁二九二。

注六四 參橫田俊之、熊谷健一、廣實郁郎、中村稔，注四九之文，頁二〇。

注六五 參松本重敏，企業秘密の法的保護（二），NBL 437 號，頁十八。

注六六 參蔡明誠，公平交易法對營業秘密之保護，政大法學評論第四四期，八十年十二月，頁二七一。

注六七 參徐火明，論不當競爭防止法及其在我國之法典化(二)，中興法學，第二一期，七十四年三月，頁三三五。

二、保密之意思

保密之意思不以明示爲限，只要外部認識之可能性爲已足，有時須藉外界客觀之事實，加以推定，例如所有人採取適當之保密措施，第三人非經不法手段不能取得（注六八）。

三、保密之利益

所有人須有保密之意思外，尚須該資訊對所有人具有正當之經濟價值，縱尚未實施而發揮效用，甚至尚未歸屬於營業經營人，仍視爲營業秘密（注六九）。

早期學說上認定資訊是否構成營業秘密，以下列二說判斷之（注七〇）：

（一）意思說：重視所有人須具有保持秘密之意思，以其是否踐行適當之保密措施爲判斷依據。

（二）利益說：重視資訊之正當利益，以該資訊對所有人是否具備正當之經濟價值爲判斷依據。

目前德國通說則認爲應就二者綜合判斷（注七一）。

第四款　我　國

關於營業秘密之要件，我國學者有認爲須具備未經公開、保持秘密之意思、保持秘密之利益等三要件（注七二）；有認爲需具備秘密性、保密之意思、保密之利益（注七三）；有認爲須具備秘密性、商業價值、

注六八　參蔡明誠，注六六之文，頁二七二。
注六九　同前注。
注七〇　參佐久間修，企業秘密の侵害と刑事責任，判例タイムズ第三六卷第二八號，1985年12月，頁十三。
注七一　參蔡明誠，注六六之文，頁二七二，注十五。
注七二　蔣次寧，營業秘密之侵害與民事救濟，臺大碩士論文，六十六年六月，頁十五～十八；徐火明，注六七之文，頁三三五～三三六。
注七三　蔡明誠，注六六之文，頁二七一～二七二。

使用性（注七四）；亦有認爲僅須具備秘密性及價值性二要件（注七五）；有認爲須有新穎性、具體性、秘密性、價值性、繼續使用之要件（注七六）；亦有認爲具備秘密性、新穎性、價值性三要件（注七七），茲將其不同之處，分述如下：

一、基本上學者均認爲秘密性與價值性爲營業秘密所不可缺之要件，惟其用語稍有不同，如保密之利益，事實上卽爲價值性或商業價值之意義，係指營業秘密對於所有人具有正當之經濟價值，增加所有人商業上之競爭能力。至於秘密性之要件，意指所有人具有保密之意思，並採取適當之保密措施，而學者有稱其爲「保密之意思」或「秘密性」。

二、至於學者有稱「未經公開」之要件，係指相對性之秘密而言，乃指該秘密不得呈現在任何人均得接觸之狀態，重視客觀上之認定，一旦秘密遭受洩漏，並呈公開狀態，卽非未經公開（注七八）。惟學者有稱此要件爲秘密性，含有該資訊須爲未經公開，而非普通之知識之意義（注七九），則此要件似與美國法上所稱新穎性之意義相同。

而有學者認爲營業秘密之新穎性，只限於某種並非一般人所知悉之構想，並非專利法上之絕對新穎性，非針對專利法上之技術特性，而係針對資訊之秘密性而言，卽某種資訊事實上被保持秘密，卽可謂有足夠

注七四　周延鵬，我國智慧財產權法律環境之現況暨因應措施（下），法律評論第五八卷第三期，八十一年三月，頁三三。

注七五　參張靜，營業秘密之保護要件？載於蔡明誠、陳家駿、張靜、許智誠、張凱娜等五人合著，營業秘密六十講，臺北市電腦商業同業工會，八十一年三月，頁五一～五四。

注七六　參楊崇森，營業秘密的保護，資訊傳眞，七十七年一月，頁九一～九四。

注七七　參陳家駿，營業秘密的定義？營業秘密是否爲工商界之智慧財產？載於蔡明誠、陳家駿、張靜、許智誠、張凱娜等五人合著，營業秘密六十講，臺北市電腦商業同業工會，八十一年三月，頁三一～三七。

注七八　蔣次寧，注七二之文，頁十六。

注七九　蔡明誠，注六六之文，頁二七一。

之新穎性（注八〇）。

　　三、有學者認為尚須繼續使用及具體性之要件，所謂繼續使用係指資訊須真正之使用且繼續之使用，如只有短暫的、使用一次的資訊，不受保護，因此，如研究出來只為將來之估價，即使有暫時之價值，亦不受保護；所謂具體性，係指法律不保護單純之構想與抽象之事務，因此，一種構想須轉化為具體之形式，始受保護（注八一）。

　　四、有學者認為只要具備秘密性與價值性二要件，其認為營業秘密之新穎性之概念既然不同於專利法上之新穎性，實無需硬行套用專利法上之新穎性，再強為分辨其間之不同。何況營業秘密既然其新穎性，係針對秘密性而言，一有秘密性當然即具有新穎性，一無秘密性就當然無新穎性，則新穎性何能獨立為一保護要件？因此認為新穎性之要件不需要。另外其亦認為單純觀念或抽象之事務之不能視為營業秘密，是因其根本無經濟之利用價值，凡有經濟上之利用價值都必定經由轉化之過程成為具體之形式，因此價值性之要件已可涵蓋具體性之要件，並無必要列為另一要件。至於使用性之要件乃因美國法院早期之見解認為所有人未使用者，無法在訴訟中計算損害賠償，但其認為計算損害賠償與是否成為營業秘密是不同的，不能因不易計算損害賠償，而否認營業秘密之存在（注八二）。

第五款　小　結

　　本文認為為確保交易安全及避免不當侵害員工權益，宜將營業秘密明確定義為妥。綜合上述，可知營業秘密之資訊，包羅萬象，逐一列舉，恐怕掛一漏萬，故宜作原則性規定。綜觀以上各國營業秘密之意義，可知營業秘密之要件有三：

　　一、秘密性

注八〇　楊崇森，注七六之文，頁九二。
注八一　楊崇森，注七六之文，頁九二～九三。
注八二　張靜，注七五之文，頁五二～五四。

營業秘密之所以應予保護，乃在其為秘密之資訊，而使所有人取得經濟上之利益，因此秘密性之要件，尤為重要。此所稱秘密性，非絕對性，而為相對性，該資訊只有一定必須知悉之人之範圍為限。且所有人主觀上須將該資訊視為秘密，客觀上有盡一切必要之努力以維持其秘密性，該資訊始受保護。否則，連所有人都不將其視為珍貴之財產予以保護，而任意告訴第三人，焉能禁止他人使用？當然亦失去以法律保護之必要。至於何謂必要之努力，可參考美國實務之見解，惟不應過於嚴苛，尚應參酌所有人之資力、資訊之價值、侵害人之不正手段，依據個案予以認定。此要件為美、日、德三國所共通。

二、價值性

在德、日，有關營業秘密之價值性要件，僅以營業秘密予所有人正當之經濟利益為必要，而美國侵權行為法整編則以「予所有人取得競爭上之優勢」為必要，因此，須已使用於商業上，始知悉是否能取得競爭上之優勢，其定義較狹。本文認為採德、日之見解為宜，俾使發展中之發明，亦受保護，以擴大保護之範圍。又統一營業秘密法則以「實質或潛在之價值」為要件，其意義應在正當之經濟利益之意義內，但其文字較易於發生解釋上之爭議，仍不若德、日之規定來得適宜。至於所謂正當之經濟利益，應指合法之資訊，至於違法之資訊，自不受保護，而如何評量其經濟利益，應綜合評量所有人取得該資訊所花費之時間、人力、經費或該資訊是否能使所有人取得競爭上之優勢等情事判斷之。

三、非周知

此要件為美、日、德三國均具有之要件，唯其名稱及意義稍有不同。在日本稱「非公知」，其意義係指一般人所不知之資訊，如為公共所知之資訊，即無保護之價值，乃限定一定範圍之人為公開之對象，包括相對性秘密之含義；在美國則稱「新穎性」，係認為已為公共所知之構想，則不能允許任何人獨占使用，而其新穎性係指比一般普通之知

識，有些許進步之資訊，不如專利法上之新穎性那樣嚴格，其新穎性之意義，亦在於證明其非周知；而德國則稱「未經公開」，其意義係指只屬於一定保有秘密權限之人知悉，而非外界周知，亦有相對性秘密之含義。本文認爲應將相對性秘密之含義歸入秘密性之要件，以免在文義上產生混淆，其意義係指所有人以一定範圍之人爲公開營業秘密之對象，著重其行爲人之主觀意思。而美、日、德三國在此要件，只有非眾所周知之意義，則爲一致，準此，本文認爲，非周知之意義，應指非眾所周知之資訊，蓋以眾所周知之資訊，應爲公共所有，不允許私人獨占。

又美國統一營業秘密法，尚有「不易於取得」之要件，其意義乃指如資訊易於爲他人所取得，則不允許私人獨占，解釋上，似可包括於本要件。蓋以易於爲公眾所取得之資訊，亦應屬於公共所有之資訊，不允許私人獨占使用。因此，綜而言之，非周知之要件，其意義應指非眾所周知及非公眾易於取得之資訊。

至於在名稱上，本文認爲稱「非周知」爲宜，乃因如稱「新穎性」，易於與專利法上之新穎性混淆，如稱「未經公開」，則可能令人誤解爲曾經公開，因時間之經過，而遭人遺忘之資訊，不受保護，且非周知之名稱，著重於該資訊目前在公眾資訊領域知悉之狀態，而未經公開之名稱，似指該資訊在時間之變化中所發生之狀態，其意義與本文前揭之結論，比較不同。

我國學者有認爲僅具備秘密性與價值性之要件即可，惟本文認爲恐有缺失，蓋某資訊爲所有人已盡相當之努力以維持其秘密性，且得增進所有人之經濟價值，但該資訊卻爲眾所周知者，則似無保護之必要，如某顧客名冊爲眾所周知，但卻爲某人作爲秘密加以管理，且該顧客名冊亦使其獲得極大之經濟利益，如因此即可構成營業秘密，而禁止他人使用該名冊，無異允許私人獨占公共所有之資訊，顯然不公。

另外，在美國統一營業秘密法中，尚有「具體性」之要件，本文認

爲此要件，可藉由學說之解釋，納入「價值性」之要件，蓋以尚未成爲具體形式之概念或太模糊之構想，難以確認其爲有經濟利益之營業秘密。至於在美國侵權行爲法整編中「繼續使用於商業上」之要件，即我國學者所稱繼續性及使用性之要件，本文認爲此要件過於嚴苛，且不當縮小了營業秘密之保護範圍，將使發展中之資訊，或未曾有機會使用於商業上之資訊或只使用一次之資訊，不受保護，似不足採。

在營業秘密法尚未制定之前，營業秘密之定義惟有靠判例之累積或學說之解釋。日後如制定營業秘密法，綜合以上要件，似可將營業秘密定義爲「具有正當經濟利益，而爲所有人作爲秘密管理，且非周知之資訊」。

綜上述之要件，得成爲營業秘密之資訊，不勝枚舉，諸如製造資訊、化學處方、製造工程、製造設備等等，凡是符合營業秘密要件之資訊均可成爲營業秘密。但最具有爭議之營業秘密爲顧客名冊（注八三），尤其是仰賴業務員與顧客接觸之商業，所謂顧客取向之商業（people-oriented business）（注八四）。而國內對於受雇人課予競業禁止義務之企業亦所在多有，其目的在於防止離職受雇人，利用其在雇傭關係中與顧客所建立之關係，與企業爲競業行爲，而其保護之企業利益，即爲顧客名冊。然而，並非所有之顧客名冊均受保護，至於何種顧客名冊始受保護，爲本處討論之重點（注八五）。

邇來，美國之實務常基於以下之理由，否定顧客名冊爲營業秘密

注八三　Earl W. Kintner Jack L. Lahr, 有賀美智子譯，アメリカ知的所有權概說，1976年12月二版，頁一五八。

注八四　Henry J. Silberberg and Eric G. Lardiere, Eroding Protection of Customer Lists and Customer Information Under Uniform Trade Secrets Act, *V. 42, No. 2, The Business Lawyer*, Feb' 1987, at p. 487.

注八五　本處所討論之顧客名冊，其意義包括顧客姓名、地址、先前之購買習慣、付費習慣、購買程序、購買喜好。

（注八六）：

　　（1）顧客名册易於自公開之商業周刊取得（聯邦法院）。

　　（2）所有之競爭者均得以相同之方法取得（加州）。

　　（3）顧客名册在該領域內極爲有名（加州）。

　　（4）顧客名册未上鎖，未標示機密性，而由一般之業務員保管。

　　（5）顧客名册係自垃圾中取得（注八七）。

　　綜合以上之情形，顧客名册是否爲營業秘密，其主要之爭點有二，其一爲該資訊是否易於取得？其二爲所有人是否已盡合理之努力，以維持其秘密性（注八八）。

　　（一）顧客名册是否易於取得？

　　顧客名册如爲易於取得，應不許所有人獨占使用，否則，有違公益。得自公開之刊物、電話簿或特定之字典可查得顧客姓名爲競業者所熟悉，均爲易於取得（注八九）。但所有人已花費了相當之經費、人力，始獲得之顧客名册，應受保護，如家庭清潔服務公司，經過打了二百到三百通電話，才確知有八家到十二家需要清潔服務，法院認爲該顧客名册，不僅是看電話簿而已，還要將喜歡服務之顧客名册，一一列出，故爲營業秘密；所有人花費了三年之時間，耗資八十萬美元之廣告費及傳單之寄發，才找到二七四個買主，此種顧客名册，應受保護（注九〇），因此，所有人花費了相當之時間才瞭解顧客之購買喜好、購買習慣、購買程序、付費習慣等資訊，亦應受保護。

　　（二）所有人是否已盡合理之努力以維持其秘密性？

注八六　Henry J. Silberberg and Eric G. Lardiere, supra note 84, at
　　　　p. 492,493,498,500.
注八七　Russell W. Adams, supra note 28, at p. 160.
注八八　Id., at p. 164.
注八九　Id., at p. 162.
注九〇　Id., at p. 162,163.

如所有人未將顧客名册作爲營業秘密，加以管理，即不得禁止受雇人使用。如所有人不使用時，未上鎖；亦未標示機密性，而將其置於公開之情形，甚至將其丢棄於垃圾中，亦未向受雇人以書面通知該顧客名册爲營業秘密等等，均不得謂已盡合理之努力以維持秘密性（注九一）。

最近在美國紐約州地方法院判決即認爲雇用人投入了相當之時間，金錢與精力開發之顧客名册，對於雇用人有競爭上之優勢，且雇用人與受雇人有簽訂競業禁止契約及秘密保持契約，而認定該顧客名册及相關之檔案資料爲營業秘密（注九二）。

本文以爲，在國內極爲盛行，以保護顧客名册爲目的之競業禁止契約，不應漫無限制，否則，可能不當侵害勞工權益，而上開美國實務及學說之見解，適足供我國參考。質言之，顧客名册是否爲營業秘密，應評量其是否符合本文前揭所稱非周知、秘密性、價值性之要件。

第二項　營業秘密之性質

營業秘密之性質，眾說紛紜，至今尚無定論，茲將美、日、德及我國之學說，整理如下：

第一款　美　國

一、財產權說

營業秘密性質上與專利權、商標權、著作權相同，均爲人類智慧活動之結果，爲一種智慧財產權（注九三），得爲信託、讓與、繼承、遺贈、課稅之對象（注九四）。且自商業之觀點，所有人得將營業秘密經

注九一　Henry J. Silberberg and Eric G. Lardiere, supra note 84, at p. 449.

注九二　參張凱娜譯，資訊法務透析，七十八年十月，頁九。

注九三　參許智誠、劉珮玟，論專利權之強制實施——制度析述，經社法制論叢第四期，七十八年七月，頁二六〇。

注九四　參小泉直樹，不正競業法の課題，ジュリスト 918號，1988年9月，頁四〇。

由讓與、買賣而移轉，即爲具有價值之財產權，亦爲顯著之財產權特徵（注九五）。

二、準財產權說

學者認爲營業秘密僅具有類似於財產之性質（property like），營業秘密保護之法律權利，係來自於不正競爭法，而非財產法，故否定其爲財產權，而認定爲準財產權。其認爲營業秘密保護之理論基礎，在於被告違反其與原告間之信賴關係，盜用原告之營業秘密，爲搭便車之行爲，是不公平的（注九六）。

第二款　日　本

一、財產價值說

營業秘密具有競爭財產之價值，雖無支配權之性質但其秘密性使所有人取得競爭上之優勢，具有移轉性，得爲事實上之獨占利用，類似於「事實上財產」之性質（注九七）。且日本實務上對於不法竊得記錄營業秘密之有體物後，加以複製，雖將該有體物返還，仍認爲行爲人有不法所有之意思，成立竊盜罪，其所保護之法益爲該有體物之利用可能性之一時排除，因此其財產性不僅存在於該有體物之價值上，且爲含有營業秘密之財產價值（注九八）。

二、財產權說

營業秘密爲人類頭腦活動之結果，爲無體財產權之一種（注九九），

注九五　Roger M. Milgrim, *Milgrim on Trade Secrets*, Matthew Bender & Company, Vol. 1, 1983, at p. 1-14.

注九六　Roman A. Klitzke, supra note 26, at p. 570, 556.

注九七　參滿田重昭，不正競爭行爲之防止と最近における問題點，法律のひろば40卷11號，1987年11月，頁二七。

注九八　山口厚，營業秘密之侵害與刑事罰，ジュリスト 962 號，1990 年 9 月，頁四六～四八。

注九九　參大矢息生，盜まれる企業秘密，總合勞動研究所，1983 年 1 月初版，頁七八。

但其一經公開卽消滅，爲一種不安定之智慧財產權（注一〇〇），且其以財產權之形式，作爲交易之對象，應爲企業財產一個權利客體（注一〇一）。

三、相對性債權說

營業秘密因無獨占性，故非物權或準物權，但營業秘密之保護，多基於契約而來，是否構成不正行爲，亦多以行爲人主觀之惡性及確保交易安全爲考慮因素，因此，營業秘密爲相對性債權（注一〇二）。

第三款 德 國

德國從討論不正競爭防止法所保護之法益之性質，探究營業秘密之法律性質，而不正競爭防止法所保護之法益，有以下二種學說：

一、人格權說

此說認爲不正競爭並非侵害與人格相分離而存在於外部之權益，而是侵害附著於人格之利益，此所謂人格，並非權利主體之人格，而是作爲客體之法益，爲人格之利益，進而承認單一之人格權，而將重點置於個人之營業活動上，認爲具有人格性質之營業活動，方爲不正競爭防止法所保護之對象，而營業活動之目的在於獲得顧客，因此就獲得及維持顧客所作之努力，應予特殊之利益，對於此等營業活動之不正侵害應予排除權，此卽爲營業活動權（注一〇三）。

二、企業權說

此說認爲不正競爭防止法中之企業爲一個無體財產，依據工業所有權爲無體財產之概念，將不正競爭防止法中人格權高度化之結果，將企

注一〇〇 參石角完爾，注五一之文，頁一八〇。

注一〇一 參小島康裕，企業の社會責任の法的性質，法學セミナー10號，1975年，頁八九。

注一〇二 參橫田俊之、熊谷健一、廣實郁郎、中村稔，注四九之文，頁二一。

注一〇三 蔣次寧，注七二之文，頁三二～三三。

業活動與企業組織之人格權相結合後為企業權（注一○四）。係以企業為
一體，承認一般企業上絕對權之成立，作為不正競爭防止法所保護之對
象，認為營業秘密係粘著於企業之法律財貨，惟所謂企業為一有組織之
經濟單位，從財產法之觀點，係結合動產、不動產、無體財產權、債
權，並透過企業家之策劃、組織與活動，建立有商譽、信用、勞動關
係、業務關係及營業經驗等之組織體，此組織所形成之總體價值，除了
構成企業財產之物或權利外，尚有基於企業家人格之策劃活動而形成之
無體營業價值，故企業組織體為結合財產因素與人格因素，結合物質與
非物質之價值，而形成更高單位之無體資產。營業秘密本身具有競業上
之客觀經濟價值，對於企業之存立發展有莫大影響，堪稱形成無體資產
之企業之構成分子，而所謂「企業權」指「營業經營權」而言。在實際
適用上有相當嚴格之範圍，按德國最高法院判例，不僅以企業者之活
動，於其所設置及經營之營業，已有客觀的具體化者為範圍，始承認有
企業權存在，且只有對於企業之營業活動直接加以侵害者，如營業事實
上被妨害，或其營業被主張為不應許可等情形，始得受侵權行為規定之
保護，間接侵害營業之行為，如顧客圈之侵害等，不在保護範圍之內
（注一○五）。簡言之，所謂企業權為企業設立與從事營業之權利，藉
法律賦予一定之法律地位，如有不法干涉或侵害情事，得依法排除之
（注一○六）。

第四款　我　國

一、財產利益說

　　由於法律並未明定營業秘密為一種權利，且其尚不具有財產權之形
式，只為一種知識、經驗，僅構成法律上所保護之利益；且營業秘密之

注一○四　豐崎光衞，ドイツの不正競業法，比較法研究19號，1959年10月，
　　　　　頁二五。
注一○五　蔣次寧，注七二之文，頁三五～三七。
注一○六　參蔡明誠，注六六之文，頁二七三。

內容極爲廣泛，本身具有多樣之性格，在理論上，將其籠統納入同一權利範圍，未必妥適，營業秘密保護涉及多重權益之對峙，法者所以持平，應重於相關權益間之均衡，由於權利本身具有不可侵性，如將營業秘密解爲權利，其保護過於周密，恐有悖於合理保護之本旨，而認爲其爲一種財產上之利益，運用侵權行爲違法性構成之法理，斟酌侵權行爲與被害法益，綜合判斷，如被侵害利益偏強者，侵害行爲縱然輕，亦有違法性，如被侵害利益偏弱，僅於侵害行爲重大之情形下，始承認其違法性，侵害營業秘密之行爲惡性深淺有無不一，態樣千變萬化，且營業秘密之範圍極廣，各個秘密所存之利益輕重有別，其是否得受侵權行爲規定之保護，應按其個案情形是否具有違法性而定，如欲合理保護營業秘密，究其法律性質，應認之爲利益，按其情節，受侵權行爲法之保護，不宜承認其爲權利（注一〇七）。實務亦採此見解，如最高法院七八年臺上字第六六二號判決中即認爲「臺燈之設計屬阿迪麥公司之財產上利益，應受保護，似與專利權無關」臺灣高等法院七八年更（一）字第三五號判決亦採此見解（注一〇八）。

二、準物權說

依據公平交易法第一九條第五款，對於不正手段取得營業秘密之行爲有防止侵害之虞請求權，其民事上之法律效果與民法物權之規定無殊，實賦予有準物權之地位（注一〇九）。

三、財產權說

實務及學說未能將營業秘密視爲財產權，乃因法無明文，但其它如肖象權，亦法無明文，而由學說予以肯定，再者，既然營業秘密具有財產價值，即不應否認其爲財產權，如民法第三〇五條及第三〇六條有關

注一〇七　蔣次寧，注七二之文，頁四六；周延鵬，注七四之文，頁三三。
注一〇八　參李潮雄，營業秘密與專門技術之保護，法令月刊第四二卷第十期，八十年十月，頁四二。
注一〇九　同前注。

營業概括承受及負債之規定，　營業秘密卽爲一種資產，　得一倂概括承
受。又商標法第二八條第一項規定:「商標專用權之移轉應與其營業一
倂爲之」，如營業並非權利，商標權又何能與之一倂移轉? 此外，營業
秘密旣爲秘密，此秘密財產在性質上卽爲一無形或無體財產，同時也爲
一種智慧財產，因秘密也者，並非秘密所附著之媒介物本身爲秘密，而
係該附著物上之資訊或情報始爲秘密，何況許多秘密根本無附著之媒介
物，原卽爲無形的技術，故營業秘密爲一種無體財產權或智慧財產權。
因此，可從旣存法律體系加以解釋說明之，但基本之道，仍應儘速制定
營業秘密法，明文承認營業權或營業秘密權爲妥（注一一〇）。

第五款　小　結

本文認爲將營業秘密視爲智慧財產權，似較妥當，理由如下:

一、權利與利益之區別，在於前者爲使權利人能享有該權利，法律
賦予其一定之法律手段，並得以訴訟方式依法實現其權利內容，而享有
利益人則不當然賦予其請求享受利益之法律上手段，例如食品衛生管理
法，在於保護國民健康，但個人並無直接之不作爲請求權。惟營業秘密
基於公平交易法之規定，有不作爲請求權及損害賠償請求權，足徵法律
已賦予其權利之性質。

二、準財產權說者認爲營業秘密僅有類似於財產之性質，故推論其
爲準財產權，唯營業秘密得作爲公司之資產，使所有人自其中取得經濟
上利益，因此，其絕非僅止於類似財產，而應爲眞正具有財產之價值，
此說之不當，顯而易見。至於營業秘密法律保護之依據，固源於不正競
爭法，但並不因此否定其爲財產權，如專利法、商標法，在美國，亦受
不正競爭法規範，但不妨礙其具有財產權之性質，且資訊之本身是否具

注一一〇　參張靜，營業秘密究爲權利或利益? 載於蔡明誠、陳家駿、張靜、
　　　　　許智誠、張凱娜等五人合著，營業秘密六十講，臺北市電腦商業同
　　　　　業工會，八十一年三月，頁四〇。

有財產權，應自其本身之特性予以觀察，而非自其保護之法源。

三、依據所得稅法第八條第六款，以營業秘密爲標的所取得之對價爲國民所得。足見，營業秘密具有財產價值，且作爲課稅之標的，更應將其視爲財產權，俾使所有人能受到周全之保護，藉此以鼓勵發明。因此，財產價值說，似不妥當。

四、財產利益說之理由，係基於法律未明文規定，但如學者所說，可於既存法律體系中，藉由學說之解釋建立，或藉由法律之訂立，以確認其爲權利。又此說認爲營業秘密之內容極爲廣泛，納入同一權利範圍，未必妥適，有悖於合理保護之旨，宜視其爲利益，於侵權行爲法之適用，有權衡之餘地。唯本文以爲營業秘密之範圍，固然極爲廣泛，但其定義及要件則一，宜予確定其之權利之性質，始能有利於法律之適用，以免盜用營業秘密之行爲人，心存僥倖。且有時營業秘密所能創造之經濟利益，較之有形財產，有過之而無不及，有形之財產，尚得受到物權之保護，焉能將營業秘密獨排除於權利之性質外？

五、相對性債權說之理由有三：其一爲營業秘密無獨占性；其二爲營業秘密之保護，多基於契約而來；其三爲是否構成營業秘密之侵害行爲，亦多以行爲人之主觀惡性及交易安全爲判斷因素。唯本文認爲營業秘密在維持秘密性之情形下，亦有獨占、排它之性質，爲一種附條件之獨占性，並非完全無獨占性；再者，營業秘密在未以法律明文保護之前，只好藉由當事人自行合意之契約做爲保障及救濟，乃爲不得不然，並非基於其性質使然，更何況許多時候，物權亦常以訂立契約保護，但不當然推論其爲債權；又營業秘密之保護，係源於不正競爭法，行爲人之主觀要件，爲構成不正行爲之要素，如第三人爲善意，自不得予以處罰，但不能因此推論營業秘密之性質爲何。且物權法上，基於保護交易安全，亦有善意取得之規定，因此，行爲人之主觀要件及交易安全之保護，並非債權之特性。

六、準物權說者係認爲公平交易法賦予營業秘密之所有人有不作爲請求權，如同民法物權之法律效果，而推論其爲準物權。唯專利權、商標權，亦有不作爲請求權，但其並非準物權，因此，僅以法律效果推論其性質，恐有邏輯上之疏失。

七、人格權說者認爲不正競爭防止法保護之法益，在於對營業活動之不正侵害予以排除，爲營業活動權。惟學者認爲營業活動權之內容，並非就自由競爭中之營業活動本身認定其爲權利，而重視營業活動成果之顧客之獲得可能性或其財產價值，此與一般人格權理論不同，故將營業活動權論爲一般人格權，不甚妥當，不足藉爲認定營業秘密爲人格權之憑藉（注一一一）。

八、企業權說，係保護結合企業之有形財產及企業主人格活動之經濟主體，使其能從事設立及經營之權利。唯營業秘密之保護，應不限於企業所有之營業秘密，爲了鼓勵研究發明之立法目的，亦應及於單純從事研究發明之自然人，因此，企業權說者易於產生概念上之誤解。且學者亦認爲營業秘密雖爲形成無體資產之企業之構成分子，但其種類不一，如商業上之秘密雖常與營業經營有密切關係，如生產技術上之秘密則未必與營業經營有關，且縱然該秘密與營業經營有關，營業秘密之侵害僅因其可能造成競爭能力減弱而間接影響營業活動，並非以營業經營爲侵害之直接對象，因此不構成企業權（營業經營權）之侵害，故企業權說似不宜引爲營業秘密法律性質之依據（注一一二）。

第三項　營業秘密與相關概念之說明

在了解營業秘密之性質、意義及要件後，其與其他具有類似意義之名詞有何區別？茲說明如下：

注一一一　蔣次寧，注七二之文，頁三三～三四。
注一一二　蔣次寧，注七二之文，頁三七～三八。

第一款 營業秘密與秘密資訊 (confidential information)

美國法上常有營業秘密 (trade secret) 與秘密資訊 (confidential information) 之別，有些州認爲二者相同，有學者則認爲二者之區別在於，營業秘密於原始持有人或第三人之公開時，卽喪失營業秘密之地位，但秘密資訊除原始持有人將之洩漏、公開外，任何人之洩漏，並不喪失其地位（注一一三）。美國喬治亞州則認爲營業秘密具有某種程度之商業價值、新穎性，得依營業秘密法保護，秘密資訊則爲其他重要之商業資訊，須依明示契約或默示契約保護（注一一四），學說上認爲秘密資訊不必具有嚴格之營業秘密之要件（注一一五）。

本文認爲依據美國侵權行爲法整編第七五七規定「未經允許，洩漏或使用他人之營業秘密，有下列情形之一，應對他人負其責任」，係規定有關營業秘密之盜用行爲。同法第七五九條則規定「爲提高商業上競爭力，而以不當方法取得他人營業之資訊者，應就其占有、洩漏或使用該資訊，對他人負其責任」，則規定有關一般秘密資訊之盜用行爲。足見其立法之初，卽賦予不同之意義，因此，營業秘密應指具有秘密性、價值性、非周知之資訊，而秘密資訊則爲所有人視爲秘密管理之一般商業秘密，不需具有價值性及非周知之要件。

第二款 營業秘密與專門技術 (know-how)

營業秘密與專門技術是否相同，因學說對於專門技術之定義，未見統一，致有相當紛歧之看法，英國將專門技術作爲營業秘密之一種，美國則將專門技術與營業秘密，作爲同義語（注一一六），其保護之法律依

注一一三　參許智誠，營業秘密之立法趨勢與政策課題，法令月刊第四○卷第一一期，七十八年十一月，頁七。

注一一四　Peter C. Quittmeyer, supra note 1, at p. 664.

注一一五　Robert C. Scheinfeld & Gary M. Butter, supra note 4, at p. 382.

注一一六　參紋谷暢男，Know-How およびその保護，ジュリスト 500 號，1972年 3 月，頁五七二。

據相同（注一一七）， 德國認爲專門技術， 即爲營業秘密（注一一八）。
究竟二者概念是否相同？綜合外國學者之見解，可分二說：

一、否定說

依其理由之不同可分述如下：

（一）依據保護工業財產權聯合國際事務局(The United Interna-
tional Bureau For Protection of Industrial Property) 一九六五年
開發中國家發明模範法 (Model Law For Developing Countries on
Inventions) 認爲專門技術爲「關於使用或適用於製造工程或工業技術
之知識」（注一一九），據此推論，專門技術具有技術性，營業秘密不以
技術性爲限，營業秘密必有秘密性，專門技術則不以秘密性爲要素，蓋
秘密性之專門技術與專門技術，如同營業秘密與營業上之知識情報，二
者概念並不一致，營業秘密雖必爲營業上之知識情報，但營業上之知識
情報，未必具有秘密性，故秘密性之專門技術爲受保護之專門技術，但
秘密性並非構成專門技術之概念要素，因此,二者概念不同（注一二〇）。

（二）有認爲專門技術，自「how」之文義，應具有方法之性格，
營業秘密則否，如顧客名簿爲營業秘密，並非專門技術（注一二一）。

（三）以流動性區分，從公司與被授權人間流動之授權關係爲專門
技術，常爲公司使用者爲營業秘密，其經濟功能不同，營業秘密可以使
產品有更好之品質及較低之價格，而專門技術是企業可以互換、授權、

注一一七　Ame'de'e E. Turner, supra note 47, at p. 29.

注一一八　參染野義信，ノウハウをめぐる世界の動き，法學セミナー142號，
　　　　　1968年，頁八四。

注一一九　參紋谷暢男，注一一六之文，頁五七二。

注一二〇　參蔣次寧，注七二之文，頁二〇採此見解，日本學者小野昌延，注
　　　　　五七之文，頁五四，亦採此見解； 竹田稔，注六一之文， 頁二三
　　　　　八，亦採此見解。

注一二一　參石角完爾，注五一之文，頁四二。

販賣之科技財產（注一二二）。

（四）營業秘密爲純商業性格及未能取得專利之技術，其餘爲專門技術（注一二三）。

（五）專門技術爲製造程序之方法，而使用於商業目的，營業秘密則包括每位顧客所要求之特殊科技設備（注一二四）。

（六）營業秘密至少須所有人以之爲秘密，始足構成，但專門技術僅需爲使人知曉如何作某事之重要知識或經驗，未必具有秘密性，例如，專門技術可能花費數個星期，卽由圖書館得知，但於個人主觀上或社會客觀上未必認爲是秘密，營業秘密包括工業秘密及商業秘密，專門技術除工業秘密，另包括技術協助（注一二五）。

二、肯定說

學者認爲，基本上，技術上及經營上之專門技術與營業秘密，並無區分之必要，乃謂一般所稱專門技術，應具有秘密性，且不僅是技術上之情報，亦包括經營上、營業上之秘密，表現於有形之文書，個人之知識、經驗、技能，均屬之（注一二六）。

本文基於以下幾點理由，認爲專門技術與營業秘密之意義，應爲相同：

（一）就秘密性之要件而言，依據國際商會 (International Chamber of Commerce) 之專門技術保護標準條款定義專門技術爲「具有完成工業目的功能之種種技術或實際應用之必要技術知識及經驗秘密或

注一二二　Francois Dessemontet, H. W. Clark translated, supra note 2, at p. 33.
注一二三　Id., at p. 38.
注一二四　Id., at p. 42.
注一二五　參許智誠，注二九之文，頁二〇一。
注一二六　參土井輝生，知的所有權法──現代實務法律講座，株式會社青林書院，1977年初版，頁一七九。

經驗之累積」（注一二七）。因此，專門技術本質上爲一種技術秘密，且專門技術限於保持秘密才能取得競爭上之優勢，一旦破壞其秘密性，即失其保護之必要（注一二八）。準此，專門技術應以秘密性爲要件（注一二九）。

（二）就技術性之要件而言，專門技術之概念，目前已擴大及於工業之專門技術及商業專門技術，不再限於技術之知識，且營業秘密之意義，亦包括工業上之技術性知識及商業上之經營秘密，因此，二者意義應爲相同。

（三）專門技術，自其表面之文義而言，似指如何做事之方法，具有方法之性格，唯本文以爲，自其文義，應指「知其所以然」之意思，因此，其意義應不限於方法之知識，亦包括商業之知識，然而，大眾均得以自由且迅速取得之知識，是不允許私人獨占使用，當然，亦不受法律之保護，唯有其亦具有秘密性、價值性、非周知等要件，始受法律保護，故二者之意義相同。

（四）有以流動性及經濟功能區分專門技術與營業秘密，並不妥當，蓋以營業秘密亦得成爲授權之標的，且專門技術亦可使產品品質更好，生產價格更低，二者並無區分。

（五）有認爲營業秘密爲純商業性格及未能取得專利之技術，亦不適當，乃因營業秘密亦得作爲專利之標的，且不限於商業性之資訊。

本文以爲專門技術爲一般商業習慣所習稱之用語，其受到法律保護之要件，與學說上之營業秘密之要件相同，實無強爲區分之必要。

注一二七　參紋谷暢男，注一一六之文，頁五七二。
注一二八　同前注，頁五七四～五七五。
注一二九　參洪健華，有關專利權中授權問題之研究，政大碩士論文，七十六年五月，頁三一。

第三節　營業秘密之所有權歸屬、授權及消滅

第一項　營業秘密之所有權

第一款　所有權主體

依據我國公平交易法，似認爲營業秘密保護之所有權主體僅限於公平交易法第二條所稱之「事業」，如公司、獨資或合夥之工商行號、同業公會、及其他提供商品或服務從事交易之人或團體，及第三條所稱與事業進行交易或成立交易之供給者或需求者之「交易相對人」，而不及於單純從事研究發明之自然人。

而日本之不正競爭防止法第一條第三項規定：「以保有作爲秘密加以管理之生產方法、販賣方法及其他對於事業活動有用之技術上或營業上且非公知之情報之事業者」，似指營業秘密之主體只限於事業，而不包括自然人。

至於德國，因其無明文規定營業秘密之意義，致無從了解營業秘密之主體爲何？惟依其不正競爭防止法第十七條規定爲「營業之職員、工人或學徒，以競爭爲目的，圖利於自己或第三人，或意圖損害營業之所有人，在雇傭關係存續中，將其因雇傭關係受託或知悉之營業或經營秘密，無故洩漏於他人者，處三年以下有期徒刑或併科罰金」。關於侵害行爲人之主觀要件有「意圖使企業所有人遭受損害」，似在於保護企業所有人；同法第十八條規定爲「以競爭爲目的，或圖利自己，對於在營業交易中受託之樣品或技術資料，尤其是圖案、模型樣板、剖面圖示、配方，無故加以利用或洩漏於第三人者，處二年以下有期徒刑或併科罰金」。係將自己於營業交易上受委託之技術文件等營業秘密之侵害行爲，似又未將主體限於企業，但其學說上，則認爲營業秘密之性質爲企

業權，卽其主體限於企業。

綜合德、日之立法體例而言，均將營業秘密之保護規定於不正競爭防止法中，而不正競爭防止法之立法目的，原在於維持交易秩序，確保公平競爭，乃以事業爲保護主體。但營業秘密保護之立法理由，不僅在於維持競爭秩序，亦在於鼓勵發明，如僅限於保護事業或與事業交易之相對人，恐有未足。而依美國統一營業秘密法第一條第三項規定營業秘密之所有權主體包括自然人、公司、遺產、商業信託、信託、合夥、協會、合資事業、政府、政府部門，或機構，或其他法律之商業實體，其保護範圍較廣，本文認爲如此立法方式較爲周全，我國日後立法似可將營業秘密之主體包括自然人、法人及非法人團體。

第二款　所有權歸屬

在判斷第三人是否有侵害營業秘密之行爲前，首先須決定營業秘密之歸屬權問題（注一三〇），尤其是在雇傭關係之歸屬權問題，更難判斷，因此，本處乃以此爲中心，參考美國實務之見解討論之。

在美國並無判例或法規規範所有權之歸屬問題，而依契約條款決定之（注一三一），學者 Quittmeyer 則認爲綜合以下之事實，予以判斷（注一三二）：

（一）有無契約條款或商業習慣存在。

（二）是否使用雇用人之資源所爲之發明。

（三）受雇人在該發明之發展中是否已被解雇。

（四）該發明屬於受雇人之工作範圍。

注一三〇　Vytas M. Rimas, supra note 17, at p. 78.

注一三一　Roger M. Milgrim, Who Owns What: Copyrights and Trade Secrets with Some Reflections on Trade Secrets, 輯於 Roger M. Milgrim, *Milgrim on Trade Secrets*, Matthew Bender & Company, *Vol. 3*, 1990, Appendix T, at p. T17.

注一三二　Peter C. Quittmeyer, supra note 1, at p. 648.

（五）該發明基於受雇人本身之知識、技能之程度如何？

（六）該發明之技術性及精巧性。

（七）公司開發之費用（注一三三）。

大致可分以下幾種情形討論之：

一、受雇人受雇於從事特定範圍之發明或研究者：受雇人被指定於從事特定之發明或研究者，該營業秘密之所有權屬於雇用人（注一三四）；或雇用人提供特定之資源，並控制整個營業秘密之研究計畫時，營業秘密亦屬於雇用人（注一三五）。此情形係認為受雇於發明一儀器，或受雇於發明達成一定效果之方法而有所發明或發現者，不得主張發明或發現成果之所有權，以對抗雇用人。卽受雇人接受對價而從事發明或發現，其成果屬於雇用人所有，個人對於發明所享有之權利與其所能發明之能力，均已預售與其雇用人（注一三六）。

二、受雇人僅從事於一般之發明或研究者：受雇人受雇於從事發明，但未特別指定應發明之物品及範圍，如有發明，其所有權仍應屬於雇用人。依據法律原則，受雇人在工作時間內使用雇用人之資源、設備及人員，除契約另有約定外，如有發明，其所有權應歸屬於雇用人。在美國之判決卽曾經認為如無明示契約，而依雇傭契約之性質及範圍，以判決認定受雇人有依默示契約讓與營業秘密所有權於雇用人。在 Houghton v. United States 一案，本案被告為聯邦公共衛生局之雇員，該局應主任醫師之請，設法將效力高而危險性強之氣體與刺激藥混合，俾得安全

注一三三　參生田典久，米・英における企業秘密の保護，ジュリスト 428號，1969年7月，頁五四。

注一三四　Roger M. Milgrim, supra note 95, at p. 5-37.

注一三五　Raymond T. Nimmer, *The Law of Computer Technology*, Warren Gorham Lamont, Inc., 1985, at p. 4-4.

注一三六　Accord Becher v. Contoure Laboratries, 279, U.S. 388 (1929), 引自甯育豐，論美國對工商秘密之保護，政大法學評論第五期，六十年十二月，頁一六四。

使用該危險之氣體（因刺激藥可提醒使用人之注意），被告爲專案小組中一員，法院認爲被告發現之混合氣體，爲屬於美國政府之發明，被告主張其並非以發明人之身分受雇，而係以化學家之身分受雇，故其發明屬於本人，而非政府。惟法院判決要旨認爲「雇員當初係以何種身分受雇，無關宏旨，旣被派參與實驗，冀求有所發明，並接受上述工作待遇，實驗過程中有所發明，理應報告其雇用人，而實驗之結果自屬於雇用人」，上述判決係認爲，被告旣奉派從事研究計畫，法院認爲其已默示同意該計畫之發明專利權屬於雇用人（注一三七）。而在 United States v. Dubilier Condenser Corp. 一案，則有相反之見解，本案被告公司爲美國標準局前受雇人 Dunmore 與 Lowell 所組成，而美國政府要求美國標準局制定無線電通信方法與儀器之標準，而 Dunmore 與 Lowell 爲受雇於從事關於飛機無線電標準之研究與試驗工作，若干時間後，標準局接受陸軍航空隊關於該航空隊所遭遇之各項無線電問題之計畫，其中一項問題爲遙控轟炸方法，Dunmore 自動接受該項問題，並將該項問題解決且基於科學上之好奇心，曾試以交流電取代當時所使用之直流電。該二人尙發明一可用交流電之擴大器，於工作期間，該二人曾將工作情形報告試驗主持人，並獲准於標準局實驗室從事該項工作，法院認爲該二人之發明與職務無關，其發明屬於該二人（注一三八）。

三、受雇人於雇傭期間內，但非其工作範圍，亦無默示讓與發明契約，使用雇用人之資源、設備、人員或雇主之發明，而有所發明時，雇用人不得主張所有權，僅得依衡平法則，主張工場權（shop right），

注一三七　Houghton v. United State, 23 F. 2d 386 (4th Cir.) cert, denied, 277 U.S. 592 (1928). 本處譯文採自甯育豐，注一三六之文，頁一六五。

注一三八　United States v. Dubilier Condenser Corp., 289 U.S. 178 (1933), 引自 Roger M. Milgrim, supra note 95, at p. 5-41, 5-42. 本處譯文採自甯育豐，注一三六之文，頁一六五。

在某種情況下仍得使用該發明。其理論爲受雇人既利用雇用人之時間，
或利用雇用人之資源或人員，雇用人依衡平法則自得使用部分爲其所有
之發明。此乃專利法之特殊原則，依紐約州及新澤西州之判決認定得類
推適用於營業秘密（注一三九）。

　　四、受雇人在離職前使用雇用人之設備、資源，於離職後完成發
明，該營業秘密屬於受雇人。如雇用人在該受雇人離職後仍持續支持該
發明並提供資源者，依據上述工場權之原則，亦得使用該發明（注一四
○）；或如該發明之最主要基礎爲受雇人在前雇傭關係中取得，於離職
後始轉化爲具體之形式，雇用人得主張有使用之權利（注一四一）。因此
在美國之雇傭契約中乃有離職後讓與發明條款，約定受雇人於離職後之
一定期間內，基於前雇用人之資源或營業秘密有所發明時，應將發明轉
讓與前雇用人（注一四二）。但如該發明確爲受雇人於離職後自己始從事
研發者，依據衡平法則，得拒絕轉讓該發明（注一四三）。

　　五、受雇人並未使用雇用人之資源，獨立從事於與雇用人有關之發
明而有所發明時；受雇人以未違反商業道德之手段，獨立發現營業秘密
（注一四四）；或完全由受雇人主導，雇用人並未投資及支持受雇人從事
該發明，亦未使用雇用人之設備，該營業秘密屬於受雇人（注一四五）。

　　以上所述，係綜合美國實務判決所爲之分析，依美國學者之見解，

注一三九　甯育豐，注一三六之文，頁一六六。
注一四○　Roger M. Milgrim, supra note 131, at p. T19.
注一四一　Roger M. Milgrim, supra note 95, at p. 5-50.
注一四二　Ronald B. Coolley, Employment Agreement Provisions:
　　　　　Definitions, Duties, Covenants Not to Compete, Assignment
　　　　　After Termination and Severability, *V. 14, No. 1, AIPLA
　　　　　Quarterly Journal*, 1986, at p. 32.
注一四三　Roger M. Milgrim, supra note 95, at p. 5-50.
注一四四　Id., at p. 5-52.; George S. Burns, Litigating Computer
　　　　　Trade Secrets in California, *V. 6, No. 3, Computer Law
　　　　　Journal, Wtr' 1986*, at p. 498.
注一四五　Raymond T. Nimmer, supra note 135, at p. 4-6.

仍依明示契約規定爲妥（注一四六）。

　　日本有學者則認爲雇傭契約中開發所得營業秘密之所有權歸屬，應委諸於其他法律之規定（注一四七），如專利之發明或著作物，各依專利法或著作權法，定其所有權之歸屬。

　　本文認爲營業秘密之所有權歸屬，宜明文規定爲妥，理由如下：

　　一、決定所有權之歸屬爲認定侵害營業秘密之首要條件，且我國營業秘密之保護採刑事罰，宜明確規定，以免不當侵害人權。

　　二、我國新修正之著作權法中所有權之歸屬與專利法之規定不同，就雇傭關係中專利權之歸屬，依專利法第五一條至第五三條規定，原則上係認爲受雇人職務上之發明，除另有約定外，專利權屬於雇用人，與職務有關之發明，則爲受雇人與雇用人共有。惟雇傭關係中著作權之歸屬，依著作權法第十一條規定，則認爲除契約另有約定外，受雇人在法人之企劃下，完成其職務上之著作，著作權歸屬於受雇人。二者之規定完全不同，如依日本學者見解委諸於其他法律之規定，一旦發生究爲發明物或著作物有爭議時，則可能因見解之不一，而爲不同之認定，卽生適用上之困擾。

　　就營業秘密所有權之歸屬，本文認爲營業秘密具有秘密性之特性，宜針對其特性加以規定，本文之意見如下：

　　一、關於職務上之營業秘密，宜將其權利歸屬於雇用人。此所謂職務上之營業秘密，依據中央標準局（80）臺專（丙）15070 字第 118210 號函解釋職務之發明，係指受雇人於雇用人權利與義務之約定下，所參與或執行雇用人產品開發、生產而言，本處之定義從之。本文所持理由有二，其一受雇人既然受雇於從事發明，已自薪資取得對價，如將營業

注一四六　甯育豐，注一三六之文，頁一六六。
注一四七　參橫田俊之、熊谷健一、廣實郁郎、中村稔，注四九之文，頁二七。

秘密之所有權歸屬於受雇人，而雇用人毫無所得者，顯然不公。其二爲雇用人係投資經費、人力、從事研究發明者，如認爲其無所有權，則殆無企業願意再投資於發明，而對國家經濟有害。

二、關於與職務有關之營業秘密，所謂與職務有關之發明，依據學者見解係指受雇人所作之發明，並非於與雇傭契約中所應提供之勞務，亦非公司所指定開發或在業務範圍內公司有需要完成之工作，單純係職員自行創設之發明，惟其發明可能運用到公司相關之設備或累積之經驗，或其所作之發明在原理及技術上，係該受雇人因公司職務上有關聯者，亦卽該公司業務範圍內，雖不需該項發明，但該發明與公司經營事項存有若干關聯，或該受雇人在公司並非從事發明工作，但創作出來之發明與其從事之業務有若干關聯。總之受雇人若非因職務上之需要而創作，但只要在技術上、經驗上、設備上或甚至其任職之位置或職務所相關者，卽可謂與職務有關之發明（注一四八），本處之定義從之。因受雇人始爲眞正從事開發營業秘密之人，應將所有權歸屬於受雇人，但該營業秘密之完成，在過程中可能運用到雇用人之資源或設備或累積之經驗而取得，雇用人依據工場權之原則，得在其原有事業範圍內使用之。惟專利法第五二條規定，與職務有關之發明，爲受雇人與雇用人共有，其立法理由似認爲與職務有關之發明，不能視爲職務發明，然爲顧及受雇人一部分專利之權利，故法律特別規定由雇用人與受雇人共有該項發明專利（注一四九）。

但本文認爲不宜成爲共有，理由有四，其一爲自外國之判決及立法

注一四八　參許智誠，公司營業秘密技術中「職務上之發明」和「與職務有關之發明」有何區別? 載於蔡明誠、陳家駿、張靜、許智誠、張凱娜等五人合著，營業秘密六十講，臺北市電腦商業同業公會，八十年三月初版，頁一一五。

注一四九　康炎村，工業所有權法論，五南圖書出版公司，七十六年八月初版，頁二四三。

例而言，美國之判決，認爲受雇人自行開發與雇用人所授與職務有關之發明，其所有權應歸於受雇人，如有使用及雇用人之資源者，依據衡平法則，平衡受雇人與雇用人之利益，認爲雇用人有使用該發明之權利，已如前述；日本專利法第三五條第一項規定，所謂職務發明係指該發明性質上屬於公司之業務範圍內，而爲受雇人過去或現在之職務上發明，除此之外均爲自由發明，日本係採發明人主義，因此職務發明與自由發明其所有權均歸於受雇人，惟職務發明，雇用人有法定無償之使用該發明之權利，如約定發明之所有權爲雇用人所有時，受雇人有相當之對價請求權（注一五〇）。準此以解，我國所稱與職務有關之發明，依日本專利法規定，應爲自由發明，而自由發明之所有權，完全歸於受雇人，約定自由發明之所有權歸屬於雇用人之契約，則違反法律之規定無效。其二，與職務有關之發明，爲受雇人主動自行開發者，基於鼓勵發明之本旨，更應將所有權歸於受雇人，惟因受雇人在從事該發明時常會使用及雇用人之資源，故宜認爲雇用人有使用權作爲補償，以平衡雙方之利益，惟應在雇用人原有事業範圍內使用之。其三，如認爲與職務有關之營業秘密，爲受雇人與雇用人共有者，營業秘密之共有，爲保持其秘密性，共有物之使用、處分，均需得他共有人之同意（詳如後述），而受雇人處於經濟上之弱勢，如雇用人任意恃其經濟上之優勢，壓迫受雇人同意其使用該營業秘密，則受雇人名義上雖爲共有，而實際上毫無所得，則受雇人必然不再有興趣從事於與職務有關之發明，而有害於營業秘密爲鼓勵發明之立法本旨；或者，受雇人或雇用人恃其爲共有人而任意不同意他方使用、處分營業秘密，則必然減損營業秘密使用之機會，營業秘密可能因共有關係而無法使用，一個無法使用之營業秘密，卽無法展現其應有之價值。總之，共有關係會使法律關係更形複雜，消滅共

注一五〇　參中山信弘，注解特許法上卷，株式會社靑林書院，1975年 4 月初版三刷，頁二四一～二四四。

有關係，猶恐不及，不宜再由法律創設共有關係。其四，營業秘密爲對
於所有人有經濟價值之資訊，如受雇人與雇用人成爲共有，則雇用人所
使用之機會必然比受雇人使用之機會爲多，對於受雇人顯然不公。且營
業秘密具有秘密性之特性，可能因雇用人不當擴大使用營業秘密致其消
滅，因此，應認雇用人僅得在原有事業範圍內使用之，給雇用人有適當
之補償，且其負有不得洩漏營業秘密之義務。

惟如上開規定，則因同一發明可能同時爲營業秘密及專利之標的，
而與現行專利法之規定有矛盾之處。惟本文認爲考之各國立法例，均無
「與職務有關之發明」之分類，其事實上原非受雇人職務範圍內所應從
事之發明，而爲職務以外之發明，爲鼓勵受雇人有積極從事發明之意
願，似將所有權歸屬於受雇人較妥，其理由已如前述，故如欲妥善解決
法律間之衝突，宜就鼓勵發明之立法目的，重新考量專利法之規定，是
否妥適之問題。

三、與職務無關之營業秘密，其權利當然屬於受雇人，但如利用雇
用人之資源時，雇用人亦得主張工場權，但限於在其原有事業內使用，
且負有不得洩漏營業秘密之義務，理由亦如前述。另外，值得一提的
是，離職後讓與發明之條款，是否有效之問題。美國實務上認爲有效要
件爲（注一五一）：

（一）該發明之主要基礎是基於前雇用人之技術資源或資訊。

（二）離職後所限制之時間，應爲合理之時間，不得過長。

（三）該發明之標的與受雇人離職前之工作或知識有關。

（四）受雇人明示同意該條款。

本文認爲上開見解，適當保護受雇人與雇用人之利益，可供我國參
考。

注一五一　　Ronald B. Coolley, supra note 142, at p. 32.

第三款　營業秘密之共有關係

專利權之共有，因為無形智慧財產權之共有，共有人間有極密切之關係，若各得自由處分其應有部分，則共有人對於該發明之實施，必感窒礙難行，因此專利權之共有，有特別規定之必要（注一五二）。如辦理一切程序，除約定有代表人以外，應共同連署（專利法第十七條），其未得其他共有人之同意，亦不得以其應有部分讓與他人（專利法第四八條）。

共同從事營業秘密之開發人間，可能成為營業秘密之共有關係，而營業秘密之共有，亦為無形智慧財產權之共有，因其具有秘密性之要件，共有人間之關係更形密切，因此關於共有物之處分、使用及應有部分之處分、共有人間之關係，有加以規定之必要。茲分點說明之：

一、關於共有物之使用：依據民法第八一八條規定，各共有人，按其應有部分，對於共有物之全部，有使用收益之權。惟營業秘密具有秘密性，若任令他共有人得自由使用共有物，則可能增加營業秘密消滅之機會，因此共有物之使用，應經他共有人之全體同意為宜。惟共有人如限制他共有人之使用者，應給付因其禁止他共有人使用之補償金，以彌補他共有人不能使用所受之損失。

二、關於共有物之處分：依據民法第八一九條第二項規定，共有物之處分、變更及設定負擔，應得共有人之全體同意。若視營業秘密為財產權，得依同法第八三一條規定準用之。

三、關於應有部分之處分：依據民法第八一九條第一項規定，各共有人得自由處分其應有部分。由於營業秘密之共有人間之關係，極為密切，若任由共有人自由處分其應有部分，則有可能害及營業秘密之使用，宜仿上開專利法之規定，應有部分之處分，應得其他共有人之同意

注一五二　康炎村，注一四九之文，頁二四一。

爲妥。

四、關於共有物之管理與費用之負擔：共有物之管理，由共有人共同管理之，管理費用及其他負擔，除契約另有規定外，應由各共有人按其應有部分分擔之，民法第八二〇條，第八二二條定有明文，若視營業秘密爲財產權，得依同法第八三一條準用之。另共有人間亦負有不得洩漏之義務及如故意或過失洩漏致營業秘密消滅之賠償義務。

五、共有之外部關係：各共有人對於第三人得就共有物之全部，爲本於所有權之請求。但回復共有物之請求，僅得爲共有人全體之利益爲之，民法第八二一條定有明文。若視營業秘密爲財產權得依同法第八三一條準用之。

第二項　營業秘密之授權

美國早先之見解認爲不符合專利要件之營業秘密在法律上不予保護，但最近之見解則認爲營業秘密之授權具有重大之公共利益，尤其用於產品之資訊，藉以改進商品，創造更多之工作機會及市場之競爭，而認爲營業秘密得成爲授權之標的（注一五三）。本文認爲營業秘密之立法目的，在於鼓勵發明，因此資訊之流通，極爲重要，而營業秘密之授權，可使許多有發明長才但無資力之發明家，致力從事發明，自授權契約中之使用費，迅速取得回收，不會因爲無資力，致發明成果無從實現，因此，營業秘密得成爲授權之標的，應可肯定。

營業秘密之授權，得爲單純營業秘密之授權，亦可與專利權、商標權合併混合授權，授權契約應注意是否具備以下之條款：

第一款　確定營業秘密內容之條款

專利權因有登記制度其範圍易於確定，而營業秘密未經登記，其範

注一五三　Melvin F. Jager, supra note 5, *Vol. 2*, at p. 15-5,15-6.

圍不易確定，因此，宜利用明細表確定其內容及範圍（注一五四）。

第二款　秘密保持條款

契約兩造均有秘密保持義務，授權人應盡量維持秘密性，直到營業秘密成爲公共所有之前，被授權人在契約中及契約終了後，均有義務採取必要之措施以保持該資訊之秘密性，或由授權人具體指定秘密保持措施（注一五五），如於文件上註明機密性，限制一般受雇人接近該營業秘密，知悉營業秘密之受雇人應訂立秘密保持契約，有關營業秘密之書類，應逐日檢查，並做成記錄表等（注一五六）。

第三款　限制條款（注一五七）

限制授權之目的、範圍、項目，例如

一、宜具體指定營業秘密只能用於特定目的，禁止使用於其他目的，以防止其他人之不法複製或洩漏行爲。

二、限制被授權人生產與營業秘密類似之商品，否則會使使用營業秘密之商品之價格跌落，間接影響使用費之價格。

三、限制被授權人於契約終了後，生產含有該營業秘密之商品，而影響營業秘密之價值。

第四款　權利讓與條款（注一五八）

一、營業秘密之授權，契約雙方均有高度之信賴關係，被授權人將權利讓與他人時，應取得授權人之同意。

二、被授權人爲他企業買收時，原則上，買收人與原被授權人在法律上，不失其同一性，但實際經營權，已移轉於第三人，爲了防止因此所生不愼洩漏營業秘密之情形，宜於契約中明定企業買收或合併爲授權

注一五四　參石角完爾，注五一之文，頁一九二。
注一五五　Melvin F. Jager, supra note 5, *Vol. 2*, at p. 15-30.
注一五六　參石角完爾，注五一之文，頁一九二，一九三，一九五。
注一五七　同前注，頁一九四; Melvin F. Jager, supra note 5, *Vol. 2*, at p. 15-11.
注一五八　同前注，頁一九七，一九八。

契約之終止事由。

第五款　使用費支付條款

如專利權與營業秘密合併授權時，專利期間屆滿，或專利被撤銷時，則專利部分之使用費支付義務消滅，而營業秘密部分之使用費給付義務仍存在，因此，專利權與營業秘密之使用費宜分別約定，如專利權與營業秘密不可分時，專利期間屆滿後，仍約定給付使用費者，該約定無效，授權人僅得就營業秘密之部分，依不當得利請求（注一五九）。

第六款　保證條款

授權人應保證該營業秘密爲依法取得，且有權授與，並保證該營業秘密得完成被授權人之特定需要（注一六〇）。

第七款　返還條款

授權契約終了後，被授權人應返還所有營業秘密之資料、文件，包括營業秘密之複製物（注一六一）。

第三項　營業秘密之消滅

專利權以相當期間之獨占性，作爲其公開之代償，而營業秘密則以維持相當之秘密性，做爲獨占使用之要件。因此，如能永久保持其秘密性，其獨占使用之時間則可持續很久，如可口可樂、肯德基炸鷄之配方，即爲適例，然而一旦喪失其秘密性，則營業秘密即消滅，因此，學者有稱營業秘密爲一種揮發性之財產權（volatile form of property）（注一六二），日本學者則稱其爲一種不安定之智慧財產權（注一六三）。本項將分二部分討論，第一部分論及營業秘密消滅之原因，第二部分則

注一五九　Melvin F. Jager, supra note 5, *Vol. 2*, at p. 15-22.
注一六〇　Id., at p. 15-26, 15-27.
注一六一　Id., at p. 15-28.
注一六二　Id., at p. 1-2. 譯文採楊崇森，注三之文，頁三〇三。
注一六三　參石角完爾，注五一之文，頁二〇四。

討論營業秘密消滅之效果。

第一款　消滅之原因

營業秘密以秘密性爲要件，如喪失秘密性，則營業秘密消滅，本文將營業秘密消滅之原因，大致分爲一、所有人之行爲；二、第三人之行爲，茲分述之。

一、所有人之行爲

所有人之行爲方式，又可分：

（一）所有人自願將營業秘密公諸於眾

所有人不以保持秘密性之意思，而將營業秘密公諸於眾，或所有人根本不知所持有之資訊可構成營業秘密，而將其公開，均構成營業秘密之消滅（注一六四）。

（二）所有人申請專利，或取得專利權

專利之申請程序，以公告發明之內容爲要件（專利法第三〇條），而營業秘密以維持秘密性爲要件，二者不可同時並存，一旦所有人取得專利權，則營業秘密歸於消滅，但專利申請中，尚未公告前，專利局職員，仍有保密義務（專利法第九四條），則不在此限。

（三）所有人公開出版含有營業秘密之著作物，或將其申請著作權登記

所有人公開出版含有營業秘密之著作物，當然構成營業秘密之消滅，唯申請著作權登記，是否構成營業秘密之消滅？茲分美國及我國之情形，說明如下：

1. 美國：

美國一九〇九年舊著作權法規定，已出版之著作物始能登記著作權，因此如申請著作權登記，則因營業秘密已公開出版而消滅，在一九

注一六四　Ramon A. Klitzke, supra note 26, at p. 563.

七六年新修正之著作權法則規定，著作權登記包括公開出版及未公開出版，因此，著作權登記時，以「未公開出版」之方式登記，仍維持其秘密性者，則營業秘密不消滅（注一六五）；以特定人爲目的之出版 (limited publisation)，亦不會使營業秘密消滅（注一六六）。

惟美國新著作權法之規定，著作權人須將著作物繳付 (deposit)，而著作物之繳付爲著作權人提起訴訟及請求損害賠償、律師費之要件，但著作物怠於繳付時，其制裁非常輕微，著作權局局長可以書面要求著作權人於三個月內補繳，著作權人得申請如繳付，可能有營業秘密喪失之危險，依著作權法第四○七條 c 項之規定請求免予繳付，如申請被駁回，則著作權人須決定繼續申請著作權登記或改採營業秘密之保護（注一六七）。

　　2.我國：

我國著作權法採創作主義，以著作人完成著作時，即取得著作權（著作權法第三條），不以登記爲必要，因此，只要所有人仍維持秘密性，所有人得同時兼有著作權及營業秘密之保護，但所有人如向主管機關申請著作權登記者，則因著作物須經公告程序（著作權第七六條），因此，一經公告，營業秘密卽消滅。

　　（四）所有人公開販賣含有營業秘密之商品

所有人無限制的公開販賣含有營業秘密之商品，可能導致營業秘密之消滅，如他人易於自商品中觀察而得，或經還原工程而取得營業秘密，則可能因其公開營業秘密致營業秘密消滅（注一六八）。但經還原工

注一六五　Ray A. Mantle, Trade Secret And Copyright Protection of Computer Software, *V. 4, No. 4, Computer Law Journal*, Spr' 1984, at pp. 677-678.
注一六六　Melvin F. Jager, supra note 5, at p. 6-8,10-17.
注一六七　Id., at p. 10-19.
注一六八　Id., at p. 6-5.

程或觀察，仍不易於取得營業秘密者，則不在此限，如可口可樂、肯德基炸雞之配方，即爲適例。

（五）所有人未採取適當之保密措施

營業秘密以所有人保持秘密性爲要件，而以客觀上採取適當之保密措施爲判斷依據。因此，如所有人任意將營業秘密告知一般受雇人，而未告知其保密義務者，或所有人與第三人交易，任意洩漏於買主，亦未告知其應保守秘密者，均可能構成營業秘密之消滅。

二、第三人之行爲

第三人不法侵害營業秘密後，且將其公開者，營業秘密消滅。第三人經由獨立發現或還原工程之合法手段，取得營業秘密後，而將其公開者，營業秘密消滅。所謂公開，係指不特定多數人得以共見共聞之情況，因此，單純之侵害營業秘密之行爲，如未將其公諸於眾，尚不足以構成營業秘密之消滅，只是營業秘密之價值有所減損，如第三人以合法手段取得營業秘密者，亦不當然構成營業秘密之消滅，如第三人仍保持秘密性，則得與原所有人互不排他地使用該營業秘密，則營業秘密之價值不一定有所減損。

第二款　消滅之效果

本處所要討論之問題有二，其一爲營業秘密之消滅，是否影響所有人救濟方法之行使？其二爲訂立以營業秘密爲標的之授權契約，營業秘密消滅後，被授權人是否仍有給付使用費之義務？

營業秘密消滅時，並不影響所有人因侵害行爲所生之訴因（注一六九）。營業秘密消滅，固不影響所有人損害賠償請求權之行使，惟所有人是否仍得行使不作爲請求權？本項茲舉美國爲例說明之。

在美國之不作爲請求權，稱爲禁止命令，而營業秘密之消滅，可能影響判決後終局禁止命令（permanent injunctions after trial）之核駁

注一六九　Id., at p. 6-18.

及時間，在判例上發展出三項原則，茲先簡單說明之（有關美國之救濟方法將於第三章詳細說明）：

一、Shellmar 原則

營業秘密縱因所有人日後將營業秘密公開而消滅，仍得對盜用人核發永久禁止其使用該營業秘密之永久禁止命令，此是基於營業秘密之保護，在於處罰盜用人惡意違反其與原告間之信賴關係（注一七〇）。

二、Conmar 原則

營業秘密消滅後，所有人卽不得再請求核發禁止命令，如已核發禁止命令，則該禁止命令因營業秘密所有人取得專利而終止，蓋以一方面允許所有人以專利權取得獨占之使用，一方面仍有侵害營業秘密之不作爲請求權，顯然不公（注一七一）。

三、Winston Reasearch 原則

營業秘密消滅後，法院仍核發終局禁止命令，惟其期間則以「被告不使用原告之營業秘密，以還原工程或獨立發現之合法手段所需之時間」或「爲原告維持其競爭利益之領先期間」爲禁止命令之期間（注一七二）。

本文認爲如營業秘密已消滅，實無再主張不作爲請求權之必要。理由於本文第三章第三節，有詳細之說明，請參閱之。

至於訂立以營業秘密爲標的之授權契約，營業秘密消滅後，被授權人是否仍有給付使用費之義務？本文以介紹美國判例，用供參考。

在 Warner-Lambert Pharmaceutical Co. v. John J. Reynold, Inc. 一案，確立了營業秘密消滅後，被授權人仍須負擔使用費義務之

注一七〇　Id., at p. 6-15, 6-25.
注一七一　Id., at p. 6-28.
注一七二　Id., at p. 7-42; Roger M. Milgrim, supra note 95, at p. 7-132.

原則。該案事實爲被告發明了一種 "LISTERINE" 藥物之營業秘密，授權原告使用，該藥物販賣後，非常成功，在往後十年中使得原告成爲國際性公司，但至一九三一年兩造均無過失，而由美國醫藥學會季刊，公開該藥物之內容，因此，原告認爲授權契約終止，不再給付使用費，其所持理由有二：1.契約欠缺約因，因營業秘密不再爲秘密性；2.基於營業秘密已公開，應可供公眾使用之公共政策。但爲法院所駁回，法院駁回之理由有三：1.縱使在營業秘密公開後，該營業秘密仍給予原告在商業上之領先利益，並維持相當之市場占有率；2.授權契約並未以維持秘密性爲約因，相反地，被告係以提供該營業秘密予原告作爲使用費之對價；3.公共政策只有在與聯邦專利法抵觸時，始有適用（注一七三），本件並無此情形。

　　本文認爲營業秘密消滅後，被授權人應無給付使用費義務，理由如下：

　　一、營業秘密消滅後，除有適用專利法、著作權法等法律規定之情形外，其權利之專屬性已不存在，因公開而成爲公共周知之知識，任何人均得無償使用，不應將被授權人作例外處理。

　　二、如營業秘密之消滅，係因被授權人之侵害行爲所致，則一方面允許所有人爲損害賠償之請求，一方面復承認授權契約中使用費繼續給付原則，不啻使所有人取得雙重賠償，顯屬不公。

　　三、上開法院判決，係因被授權人於契約訂立後，先開始販賣含有營業秘密之商品，而在其經濟上獲得領先期間之利益，且自營業秘密消滅後仍維持相當之市場占有率爲考量，爲平衡雙方之利益所爲之判決。惟此案例，爲授權契約中之一個特例，不宜作爲一般之法則，舉例而言，如被授權人於授權契約訂立後，並未如預期中之成功，且在授權後

注一七三　Id., at p. 15-7, 15-8.

極短之時間內，營業秘密卽消滅者，如仍令其持續負擔使用費，則顯失公平。退而言之，縱如案例所述，被授權人在授權後獲得極大之利益，但事實上，授權人在契約持續中已自使用費取得對價，且營業秘密如極爲有價值，在營業秘密尙存在，而於契約持續中，授權人亦可要求較高之使用費，授權人早已自營業秘密之使用費取得回收，不虞有不公平之情形。上開判決之另一重大之理由，可能是因基於契約自由原則，雙方本可約定於秘密性喪失後，終止契約，但其並未如此約定，且該案之原告，如不願給付使用費，亦可不販賣含有該營業秘密之商品。惟本文認爲權利之行使或義務之負擔，不得有違誠信原則，如以使用權利，爲給付使用費之對價，則權利已不存在時，該使用費給付義務，亦當然消滅。

第三章　營業秘密之侵害與救濟

第一節　概　　說

　　我國營業秘密之侵害類型，僅有違反依法令或契約之保密義務之無故洩漏行為（刑法第三一七條、刑法第三一八條），及公平交易法第二條所稱之「事業」（如公司、獨資或合夥之工商行號、同業公會、其他提供商品或服務從事交易之人或團體）以不正手段取得營業秘密之行為（公平交易法第十九條第五款），其侵害類型之規定較少，且將不法取得營業秘密之行為主體僅限於公平交易法第二條所稱之事業，而不及於一般自然人，如員工不法影印公司機密文件，而未訂立保密契約時，則無處罰依據。惟美、日、德三國營業秘密之侵害類型，則包括正當取得營業秘密人之不法使用，惡意第三人之不法取得、洩漏、使用行為及惡意第三人間接取得營業秘密及其後之使用、洩漏之行為，且其行為主體亦未限於事業，其立法例似可供我國日後立法之參考。再者，公平交易法第十九條第五款規定侵害營業秘密之不正手段為「脅迫、利誘或其他不正當方法」，惟何謂不正當方法，則未明確定義，我國係採刑事罰，以不正當方法之不確定概念作為處罰依據，顯有不當侵害人權之虞，亦有必要參酌外國之規定增修之。本章第二節乃針對上開問題，參酌外國之規定，加以比較分析。

　　營業秘密之救濟方法，我國有不作為請求權、損害賠償請求權、刑事罰及行政罰，有關刑事罰則以主管機關（即公平交易委員會）之停止

命令而不停止爲要件，行政罰亦以公平交易委員會命其停止而不停止爲處罰要件，惟如行爲人一取得營業秘密卽將其公開致營業秘密消滅，但其經公平交易委員會命令停止隨卽停止其行爲，則免於處罰，但營業秘密已消滅，行爲人卻不受處罰，則刑事罰與行政罰之規定，無異成爲具文，且爲各國立法例所無。因此，本文乃參考美、日、德侵害營業秘密救濟之規定，以供我國參考。另外，營業秘密之保護，固然在實體上應予完整之救濟，然而，眞正實施救濟方法，仍需進行訴訟程序，但爲保護訴訟程序之公正，均進行公開審理，允許訴訟程序之旁聽，或媒體之報導，及訴訟記錄之閱覽，營業秘密卻以維持秘密性爲前提，可能經由訴訟程序之公開，致營業秘密消滅，因此，如何在訴訟程序上保護營業秘密，成爲其最獨特之問題，本章第三節乃就美、日、德有關營業秘密在實體上之救濟及訴訟程序上保護之規定介紹之，並就我國之規定，加以分析比較。

另外，美、日針對善意第三人均有特別保護之規定，爲我國法所無，本章第四節，乃衡量善意第三人與所有人間之利益，參酌外國之立法例，以分析我國是否有規定之必要。

第二節　侵害類型之探討

第一項　美　國

本項分侵權行爲法整編及統一營業秘密法之侵害類型敍述。

第一款　侵權行爲法整編

依據第七五七條規定：

「未經允許洩漏或使用他人之營業秘密，有下列情形之一者，卽應負責：

（一）　以不正手段取得營業秘密者；或

（二）　其洩漏或使用他人之營業秘密，構成信賴義務之違反；或

（三）　自第三人獲知該秘密時，明知該資訊為秘密，且知悉係第三人以不正手段取得或違反義務而取得；

（四）　獲知該秘密時，明知該資訊為秘密，且知悉他人之洩漏，是基於錯誤者。」（注一）

至於何謂不正手段？在侵權行為法整編之定義，認為只要未為商業道德及合理性手段所能接受之標準即為不正手段（注二）。判例上，亦未定義「不正手段」，僅得以獨立發現及還原手段為正當手段之抗辯，但這只能說明何種手段為正當手段，並不能說明何者為不正手段（注三），實務上，最著名之案例為 Du Pont de Nemour & Co. v. Christopher 一案中，被告為一名攝影師，在空中拍攝Du. Pont 公司正建造用以製造甲醇之新廠房，甲醇之秘密製法可由廠房上方窺知，Du. Pont 公司於知悉攝影師後，即以其為被告，以其非法取得照片，洩漏公司營業秘密，並將之售予不詳之第三人為由，訴請被告賠償損害，並請求頒發禁止命令，被告雖辯稱，其所有行為係於公司之領空所為，未違反政府之飛行標準，亦未違反任何信賴關係，更無任何詐欺或不法行為可言，但法院仍以被告利用不正手段獲取營業秘密為由，判決原告勝訴，並已確定（注四）。因此，學者 Hilton 提出二個比較廣泛之標準，定義不正手段（注五）：

注　一　本條譯文參楊崇森，美國法上營業秘密之保護，中興法學第二三期，
　　　　七十五年十一月，頁二七三。

注　二　William E. Hilton, What Sort of Improper Conduct Constitutes
　　　　Misappropriatition of A Trade Secret, *V. 30, No. 4, IDEA,*
　　　　1990, at p. 289.

注　三　Id., at p. 292, 294.

注　四　許智誠，營業秘密之法律地位及保護概況，經社法制論叢創刊號，七
　　　　十七年一月，頁二一二。

注　五　William E. Hilton, supra note 2, at p. 294.

（一） 經由不法手段，如詐欺，竊盜、侵入住宅之犯罪行爲。

（二） 超乎異常之方法克服所有人保護營業秘密之設備，取得營業秘密，如前述案例，以空中照像取得營業秘密之形式。

第二款　統一營業秘密法

依據統一營業秘密法第一條第一、二項規定：

第一項：「不正手段是指竊盜、賄賂、不實表示、違反保密義務或引誘他人違反此種義務，或經由電子或其他方法之間諜行爲」

第二項：「盜用（misappropriation）指

　1. 明知或可得而知以不正手段取得他人之營業秘密；

　2. 下列之人，未經明示或默示同意而洩漏他人之營業秘密：

　（1）使用不正手段取得營業秘密；或

　（2）使用或洩漏營業秘密，明知或可得而知下列情況：

　A．來自或經由利用不正手段取得營業秘密之人取得；

　B．經由有義務保持秘密之人或有限制使用義務之人取得；

　C．來自於或經由受到禁止命令而負有保密義務及禁止不得使用營業秘密之義務之人取得；

　（3）在其地位實質變動前，明知或可得而知該資訊爲營業秘密，且係基於意外或錯誤而取得」。

在法條之註解中亦明列正當手段包括（注六）：

　（1）獨立發現（Independent discovery）

　（2）還原工程（Reverse Engineer），係指第三人以合法手段取得營業秘密後，進而分析其成分、設計，取得同樣之營業秘密而言

注　六　Steve Borgman, The Adoption of The Uniform Trade Secrets Act: How Uniform is Uniform? *V. 27, No. 2, IDEA*, 1987, at p. 81.

（注七）。

　　（3）基於所有人之授權而得。

　　（4）經由公眾使用或展示之產品觀察而得。

　　（5）自公開之著作物取得該資訊。

　　而如何證明被告明知有營業秘密之存在，依據判例之見解係以下之情形認定之（注八）：

　　（1）原告已向被告通知機密性之事實。

　　（2）經由安全措施之設計，防衛外界知悉之外在狀況。

　　（3）原告告訴被告該資訊為其花費相當之時間及努力而取得。

　　所謂竊盜，在某些州之判決認為，盜用人用自己之機器或所有人之機器複製含有營業秘密之文件，再將該文件放回原處，僅取得營業秘密內容之行為，卽所謂的使用竊盜，亦成立竊盜罪（注九）。

　　何謂使用營業秘密？在實務上有以下之見解（注十）：

　　（1）使用不限以傳統上之販賣、製造，只要對產品有所幫助卽可。

　　（2）使用不限於在美國境內，在美國境外使用者亦同。

　　（3）使用不限於已產生金錢之利益。

　　（4）雖未複製他人之營業秘密，但將該營業秘密加以修正或使用他人之營業秘密，製造完全不同之產品亦同。

　　因此，舉凡為取得不當之利益，而加害於所有人之行為，均包括在內。

注　七　參楊崇森，注一之文，頁二七三。
注　八　Roman A. Klitzke, Trade Secrets: Important Quasi-property,
　　　　Rights, *V. 41, No. 2, Business Lawyer,* Feb' 1986, at p. 565.
注　九　Steven J. Stein, Trade Secret Litigation, Practising Law Insti-
　　　　tute, 1985, at pp. 159-161.
注　十　Melvin F. Jager, *Trade Secrets Law, Vol. 1,* Clark Boardman
　　　　Company Ltd., 1989. 11. 7, at p. 7-58, 7-60.

第三款　分析比較

一、侵權行為法整編中不正手段之定義，均比統一營業秘密法為空泛，舉例而言，前者不正手段之定義為「不為商業道德及合理性行為所能接受之標準」，至於何謂商業道德？何謂合理性行為？則無標準可循，但後者則明確規定為「竊盜、賄賂、不實表示、違反保密義務或引誘他人違反此種義務，或經由電子或其他方法之間諜行為」為不正手段，其意義較易於明瞭；再者，前者依學者之見解認為「超乎異常方法克服所有人保護營業秘密之行為」為不正手段，如空中照像行為，但何謂「超乎異常之方法」？亦無標準及定義可循，而後者以「間諜行為」之文義，即可包括空中照像之不法行為之意義，比較易於解釋。

二、就不正手段之範圍而言，侵權行為法整編似不若統一營業秘密法為廣，統一營業秘密法包括引誘他人違反保密義務之類型，而侵權行為法整編則無規定，僅能藉由學說之解釋，列入「非為商業道德所能接受之行為」。

三、就侵害類型而言，侵權行為法整編不包括明知他人意外洩漏而取得者，而統一營業秘密法則包括。

四、就經由第三人取得營業秘密之侵害類型而言，侵權行為法整編係規定，第三人知悉他人以不正手段取得或違反義務而取得營業秘密者，統一營業秘密法則以「明知或可得而知」為主觀要件，並一一列舉他人違反義務之類型，後者之範圍較廣。

為便於明瞭，茲將美國法之侵害類型，分類如下（包括侵權行為法整編及統一營業秘密法）：

一、正當取得人，未經所有人明示或默示同意，違反保密義務而使用或洩漏者。此所稱正當取得人，係與所有人間存有因契約或身分等信賴關係而取得營業秘密之人。統一營業秘密法將違反保密義務逕列為不正手段，侵權行為法整編則稱為信賴關係之違反，文字雖有不同，但其

意義則同。

　　二、惡意第三人直接以不正手段取得他人之營業秘密，並使用或洩漏者（此不正手段包括引誘他人違反保密義務）。

　　三、第三人間接自他人違反保密義務取得且明知或可得而知該事實，而使用或洩漏者。此所稱保密義務包括因約定而生之義務，及因受到禁止命令負有不得洩漏或使用之義務。

　　四、第三人間接自他人以不正手段取得而取得，且明知或可得而知該事實，而使用或洩漏者。

　　五、第三人直接取得他人之營業秘密，但明知或可得而知該營業秘密係基於意外或錯誤而洩漏，仍使用或洩漏者。

第二項　日　本

　　日本新修正之不正競爭防止法，將侵害類型分爲下列四種（注十一）:

　　一、不正取得之行爲: 以竊取、詐欺、脅迫或其他不正手段取得之行爲，及取得後之使用及不正洩漏行爲（第一條第三項第一款）。所謂竊盜，在判例上亦承認使用竊盜，成立竊盜罪（注十二）。至於其他不正手段，則包括裝扮成顧客或員工進入競業者之工廠；惡意挖角或賄賂競業者之員工；明知競業者有酒後亂言之習慣，而計誘其喝酒，致喝醉後說出營業秘密（注十三）；或引誘受雇人違反契約保密義務，均構成不正手段（注十四）。至於受雇人因自誇或醉酒說出營業秘密，或自行還

注十一　以下之譯文參陳彩霞，日本對於營業秘密之保護，萬國法律第五五期，八十年二月，頁二八。

注十二　知的所有權研究會編，最新企業秘密・ノウハウ關係判例集，株式會社ぎようせう，1992年5月三版，頁九三。

注十三　參小野昌延，注解不正競爭防止法，株式會社青林書院，1992年10月初版2刷，頁三〇一～三〇六。

注十四　參橫田俊之，財產的情報の法的救濟制度，ジユリスト 954號，1990年4月，頁七八。

原工程者，均非不正手段（注十五）。

　　二、正當取得人之不正洩漏或使用行為：基於身分或契約關係之人，正當取得營業秘密，而基於不正競爭之目的或圖得不法利益；或意圖加害所有人為目的，而使用或洩漏營業秘密之行為（第一條第三項第四款）。本款乃是具有基於信賴關係所為之洩漏之特徵，如員工、被授權人、製造商、受任人等均屬之，正當取得人只要合於上開主觀要件，縱以不作為之方式，亦為不正手段（注十六）。因此，退職之受雇人，單純之洩漏行為不罰，但有主觀要件則罰之（注十七）。

　　三、惡意或有重大過失之轉得者之行為：明知有前揭一、二之行為或不知具有重大過失之取得後，而為使用、洩漏之行為（第一條第三項第二、五款）。知悉他人違反禁止洩密契約而取得之行為，應認為有故意或重大過失（注十八）。

　　四、事後惡意之行為：以善意取得營業秘密，但嗣後明知所取得之營業秘密為他人以不正手段取得，竟仍予使用或洩漏之行為（包括行為人不知具有重大過失之情形）（第一條第三項第三、六款）。舉例而言，所有人曾書面警告該善意取得人，或因產業間諜之擴大報導，應該知悉之情形，該善意取得人仍予使用或洩漏者（注十九）。

　　依據上述條文，茲將侵害類型及行為人之主觀要件，分述如下：

　　一、侵害類型

　　（一）正當取得人，基於不正競爭之目的或圖得不法利益，或意圖

注十五　同前注。

注十六　參小野昌延，注十三之文，頁三〇六。

注十七　參松本重敏，實務からみた營業秘密保護立法の意義と問題點，ジュリスト 962號，1990年9月，頁六〇。

注十八　參橫田俊之、熊谷健一、廣實郁郎、中村稔，改正不正競爭防止法における營業秘密の法的救濟制度について，ジュリスト 962號，1990年9月，頁二一。

注十九　同前注，頁二八。

加害所有人為目的之使用、洩漏行為。此所稱正當取得人，即為基於身分或契約之信賴關係而取得營業秘密之人。

（二）惡意第三人直接以不正手段取得、使用、洩漏之行為（此不正手段包括引誘他人違反保密義務）。

（三）第三人明知間接經由他人違反（一）之行為而取得，使用、洩漏之行為（包括不知有重大過失之情形）。

（四）第三人明知間接係經由他人以不正手段取得而取得，且使用、洩漏之行為（包括不知具有重大過失之情形）。

（五）善意取得人嗣後轉為惡意之使用、洩漏行為。

二、行為人之主觀要件

（一）正當取得人之使用、洩漏行為，須具有不正競爭之意圖，加害所有人或圖得不法利益之意圖等主觀要件。

（二）第三人間接取得他人以不法手段取得營業秘密及其後之使用、洩漏行為，須為故意或不知具有重大過失。

（三）第三人直接以不法手段取得營業秘密者及事後惡意者，應以故意為必要。

對於正當取得人須具備一定之主觀要件，乃是基於保障員工選擇職業之自由，俾免雇主任意基於唯恐營業秘密之洩漏為理由，而任意行使不作為請求權，致妨害員工之生計；對於惡意取得人應限於故意或重大過失之主觀要件，乃因營業秘密不具有絕對權之性格，亦無公示性，係為保護交易安全而設（注二〇）。

第三項　德　國

德國之營業秘密侵害類型，規定於不正競爭防止法第十七條、第十

注二〇　參橫田俊之，注十四之文，頁七八。

八條、第二〇條、第二〇條之一，茲敍述如下（注二一）。

第十七條第一項：

「營業之職員、工人或學徒，以競爭為目的或圖利於自己或第三人，或意圖損害營業之所有人，在僱傭關係存續中，將其因僱傭關係受託或知悉之營業或經營秘密，無故洩漏於他人者，處三年以下有期徒刑或併科罰金」。

洩漏營業秘密之行為人，係指營業之職員、工人或學徒，關於職員之概念，應採廣義之解釋，即對於他人之營業提供勞務之人，不問其職位之高低，權限之多寡，及薪津之有無，皆屬於職員。職員、工人或學徒所洩漏之營業秘密，必須是彼等因僱傭關係所受託或知悉，始足當之（注二二）。

所謂僱傭關係存續，係採廣義之解釋，以避免行為人利用請假或度假等途徑，以規避本條之適用，因此，判斷僱傭關係是否存續之標法，為法律上之存續，而非事實上之存續。至於僱傭關係結束後始洩漏營業秘密者，僅以行為人以競爭為目的，基於自己利用，圖利於第三人或意圖使企業所有人遭受損害，無故使用或洩漏營業秘密行為，依同條第二項之規定處罰（注二三）。

第十七條第二項

「以競爭為目的，基於自己之利用，圖利於第三人或意圖使企業所有人遭受損害，而為下列行為者，亦同：

1. 商務或生產經營秘密係藉下列方法且無故而獲取或保存者：

（a）技術手段之使用。

注二一　以下之譯文請參徐火明,論不當競爭防止法及其在我國之法典化(二),中興法學第二一期,七十四年三月,頁二三六～三四〇;及蔡明誠,公平交易法對於營業秘密之保護,政大法學評論第四四期,頁二七三注十九、二〇,頁二七五注二九。
注二二　參徐火明,注二一之文,頁三三七。
注二三　同前注。

（b）秘密的有形再現之製作。

（c）為秘密所具體化物品之取走。

2. 無故加以利用或告知任何人之商務或生產經營秘密．係經由第一項所稱洩漏方式之一，或依第一款規定之自己或他人行為所獲取或其他無正當理由而獲取或保存者。

3. 未遂犯罰之。

4. 有特別重大情事者，處五年以下自由刑或科罰金。行為人於洩漏時明知該秘密將於國外加以利用，或其將該秘密於國外利用者，通常即存在特別重大情事」。

本項規定之行為人係指任何人，不限於第一項之職員、工人或學徒（注二四）。

另外，本項第一款明列（1）技術手段之使用；（2）秘密的有形再現製作；（3）為秘密所具體化物品之取走等三種類型為不正手段。

第十八條

「以競爭為目的，或圖利自己，對於在營業交易中受託之樣品或技術資料，尤其是圖案、模型樣板、剖面圖示、配方、無故加以利用或洩漏於第三人者，處二年以下有期徒刑或併科罰金」。

本條所保護之客體為樣品或技術資料，所謂樣品，並非指一般樣品，而係製造新產品時所使用之樣品，至於該樣品是否已具備專利法上新穎性之要件，則非所問。所謂技術資料，法律條文中已經予以舉例，例如圖案、模型、樣板、剖面圖示與配方皆屬之，其得以言詞、電話或其他類似之方法授與，唯有關價格或購物之資料，則非為技術資料。

樣品或技術資料必須託付於行為人，所託付之樣品或技術資料，不必同時為營業秘密，唯其必須未經公開，始足當之。至於託付，必須於

注二四 同前注，頁三三八。

營業交易上爲之，其方式爲書面、言詞、明示、默示或基於契約關係，皆無不可（注二五）。

第二〇條第一、二項

「以競爭爲目的，或圖利自己，引誘他人犯第十七條或第十八條之罪，或接受他人從事該犯罪行爲之要求期約者，處二年以下有期徒刑或併科罰金」。

「以競爭爲目的，或圖利自己，對於犯第十七或第十八條之罪，而爲要求期約，或基於他人要求，表示預備爲該犯罪行爲者，亦同」。

第二〇之一條

「第十七條、第十八條及第二〇條之犯罪行爲，準用刑法第五條第七款之規定」，依其規定，在德國刑法適用範圍內之營業，或營業所在德國境內之企業，或營業所在國外之企業而與本國企業有關係或形成關係企業者，其營業秘密於國外遭受侵害時，仍得依德國不正競爭防止法第十七條、第十八條及第二〇條之規定處罰（注二六）。

德國營業秘密之保護，主要係採刑事罰，與美、日不同，故其規定之侵害類型，較爲繁複，茲分類如下:

一、侵害類型

（一）正當取得人——係指基於身分或契約關係正當取得營業秘密之人。

　　1. 在雇傭關係存續中之職員，工人或學徒，以競爭爲目的，或圖利自己或第三人，或意圖損害營業所有人之洩漏行爲（第十七條第一項）。

　　2. 雇傭關係以外，基於信賴關係之受託人，以競爭爲目的或圖利自己之不法使用、洩漏行爲（第十八條）。

注二五　同前注，頁三三九。
注二六　同前注，頁三四〇。

（二）第三人

　　1. 第三人以競爭為目的，圖利於自己或第三人，或意圖損害於企業主，直接以不正手段取得、使用、洩漏之行為（第十七條第二項第一款）（此侵害類型包括已離職之受雇人）。未遂犯、預備犯、及要求期約或收受期約者罰之（第十七條第三項、第二○條）。

　　2. 第三人以競爭為目的，圖利於自己或第三人，或損害於企業所有人，間接經由他人違反前揭（一）正當取得人 1. 之行為而取得、使用、洩漏之行為。未遂犯、預備犯、要求期約或收受期約者罰之（第十七條第二項第二款、第三項、第二○條）。

　　3. 第三人以競爭為目的，圖利於自己或第三人或意圖損害於企業所有人，間接經由他人違反前揭（二）第三人 1. 之行為而取得及使用、洩漏之行為（第十七條第二項第二款、第三項、第二○條）。

　　4. 第三人以競爭為目的或圖利於自己，引誘他人犯前揭之罪者（第二○條第一項）。

　二、行為人之主觀要件

　　（一）雇傭關係中之正當取得人及第三人之主觀要件為，以競爭為目的，圖利於自己或第三人、意圖損害於企業所有人。

　　（二）雇傭關係以外，基於信賴關係之受託人及引誘他人犯罪者、要求期約、收受期約及預備犯者，則以競爭為目的，圖利於自己為主觀要件。

第四項　小　結

　　為便於明瞭，茲綜合美、日、德三國之侵害類型加以分類並比較如下：

　一、正當取得人

　　（一）美國係規定正當取得人未經所有人明示或默示同意而違反保

密義務之使用、洩漏行為。

（二）日本則須正當取得人基於不正競爭之目的、或圖得不法利益、意圖加害所有人之使用、洩漏行為。

（三）德國則分

1. 雇傭關係存續中之正當取得人，基於競爭之目的，圖利於自己或第三人，或損害企業所有人之洩漏行為，似未規定不法使用行為。

2. 雇傭關係以外之其他基於信賴關係之受託人，基於競爭之目的或圖利自己之洩漏、使用行為。

二、第三人

（一）直接取得

美、日、德均有規定第三人惡意以直接不正手段之取得、使用、洩漏行為。惟

1. 美國以明知或可得而知為主觀要件。

2. 日本則以故意為主觀要件。

3. 德國則認為第三人須具備以競爭為目的、圖利於自己或第三人，意圖損害於企業主之主觀要件的取得、使用、洩漏行為，並處罰未遂犯、預備犯，及要求期約、收受期約者。

（二）間接取得

美、日、德均有規定惡意之第三人間接經由他人違反保密義務或他人之不法手段之取得、使用、洩漏之行為。惟

1. 美國以明知或可得而知為主觀要件。

2. 日本則以故意或不知具有重大過失。

3. 德國則須行為人具備競爭為目的，圖利自己或第三人，意圖損害於所有人之主觀要件之取得、使用、洩漏行為，並處罰預備犯、未遂犯，及收受期約及要求期約者。

三、引誘他人違反義務或犯罪者

　　（一）美、日將引誘他人違反保密義務之取得、使用、洩漏行為，依法條或依學者解釋逕列為以不正手段直接取得之侵害類型。

　　（二）德國則獨立將引誘他人違反保密義務之犯罪，列為獨立侵害類型。

　　四、其他特別規定

　　（一）美國有規定，第三人明知他人之洩漏，係基於意外或錯誤之取得、使用、洩漏之行為。為日、德所無。

　　（二）日本有規定，善意取得人嗣後轉為惡意之侵害類型，則為美、德所無。

　　（三）德國對於預備犯、未遂犯、在國外犯罪加重處罰之類型，要求期約及收受期約等侵害營業秘密之行為，有刑事處罰規定，則為美、日所無。

　　反觀我國之侵害類型，僅有違反依法令或契約之保密義務之不法洩漏行為，而不及於使用行為，及公平交易法第二條所稱「事業」（如公司、獨資或合夥之工商行號、同業公會、其他提供商品或服務從事交易之人或團體）以不正手段取得他人之營業秘密之行為，而不及於使用、洩漏行為，將行為主體僅限於公平交易法第二條所稱之事業，而一般自然人不法取得營業秘密，則無處罰依據，實有必要參酌上開立法例，予以增修之。

　　本文認為：一、就正當取得人之侵害類型而言，日本規定中以不正競爭為目的，意圖加害所有人或圖利自己為主觀要件，似較完善，美國則以違反明示或默示之保密義務為主觀要件，則可能因行為人不知默示保密義務之存在，而因過失使用、洩漏者，可能失之嚴苛，致不當侵害員工職業選擇之自由，而德國則可能過於繁複，正當取得人之侵害類型相似，似無區分之必要，且雇傭關係存續中之職員自己之不法使用營業秘密行為，並未處罰，惟日本主觀要件之規定，宜仿德國之規定增加

「圖利於第三人」之主觀要件，比較周全；二、就第三人直接取得、間接取得之侵害類型而言，美、日、德均有規定，惟美國以明知或可得而知爲主觀要件，日本則以故意或重大過失爲主觀要件，德國則以競爭爲目的，意圖圖利於自己或第三人，或損害於所有人爲主觀要件，綜合而言，德國之規定主要係刑事罰，故其規定較爲嚴謹，而美、日係採民事救濟，故以明知或可得而知、故意或重大過失爲要件，惟我國設有刑事處罰規定，與美、日不同，宜採德國之規定，俾以保護人權。三、至於引誘他人犯罪，其之惡性，並不低於惡意取得人，宜獨立規定爲一種侵害類型，或列入不正手段之意義，俾免產生解釋上之困擾；其他前揭美國之明知他人基於意外或錯誤之使用、洩漏行爲之特別類型，恐失之嚴苛，且舉證困難，似不宜採行。日本有嗣後轉爲惡意之類型及德國之未遂犯、預備犯、要求期約及收受期約犯等特別類型，則有參考之價值。

就美、日、德三國之規定，其行爲主體並未限於事業，一般自然人亦爲處罰之對象，因此，本文認爲應仿美、日、德之規定予以修正，其修正之類型如下：

1. 基於身分或契約關係正當取得營業秘密之人基於競爭之目的，意圖圖利於自己或第三人，或加害所有人之不法使用、洩漏行爲。

2. 第三人基於競爭之目的，意圖圖利於自己或第三人，或加害所有人，直接以不法手段取得及取得後之使用、洩漏行爲。

3. 第三人基於競爭之目的，意圖圖利於自己或第三人，或加害所有人，間接自他人以不法手段或違反保密義務而取得，並加以使用、洩漏之行爲。

另外關於不正手段之意義，美國統一營業秘密法第一條第一項規定係指竊盜、賄賂、不實表示，違反保密義務或引誘他人違反此種義務，或經由電子或其他之間諜行爲；所謂竊盜，大多數州在實務上，認爲包括使用竊盜，卽複製他人含有營業秘密之文件，再將文件放回原處者，

亦構成竊盜罪；日本認為不正手段包括竊盜、詐欺、脅迫甚至包括裝扮成顧客或員工進入競業者工廠，惡意挖角，賄賂競業者之員工，引誘他人違反保密義務者，均為不正手段，在其刑法判例上亦承認單純複製他人營業秘密內容之行為，亦成立竊盜罪；德國不正競爭防止法第十七條第二項第一款，亦規定（1）技術手段之使用（2）秘密的有形再現之製作（3）為秘密所具體化物品之取走為不正手段。

綜合三國之不正手段之意義，美、日之規定中所使用之文字較相似，同樣包括竊盜、賄賂、詐欺、脅迫、引誘他人違反保密義務，複製他人營業秘密內容之行為，關於正當取得人違反保密義務而洩漏之侵害類型，美國列為不正手段之意義，日本、德國則另將其獨立為一種侵害類型，我國與德、日規定相似，規定於刑法第三一七條洩漏工商秘密罪。至於德國不正手段之規定，其文字與美、日之規定較為不同，但其意義相似，所謂「為秘密所具體化物品之取走」，其意義類似於竊盜之含義；所謂「秘密的有形再現之製作」，其意義相當於前揭所稱複製他人營業秘密內容之含義，至於「技術手段之使用」，其意義與美國之經由電子或其他間諜行為之文義相似。

而我國公平交易法第十九條第五款規定不正手段之意義為「脅迫、利誘或其他不正當方法」，其中「不正當方法」之意義，並不明確，係由公平交易委員會裁量之，惟本文認為依罪刑法定原則，不宜將是否構成犯罪之行為，交由行政機關裁量，宜參酌上開規定，予以明文規定。本文認為不正當方法，應可解釋為包括詐欺、引誘他人違反保密義務、單純複製他人營業秘密內容之行為，或經由電子設備等儀器取得營業秘密及其他間諜行為。不包括竊盜，乃因竊盜罪中取走有形營業秘密之行為，已有竊盜罪得以處罰，乃避免同一行為，有不同之刑罰規定所生之矛盾現象；至於單純複製含有營業秘密之文件，在美、日之判例，均已肯定使用竊盜之處罰，而目前我國不處罰使用竊盜，故將其獨立規定為

一種不正手段，以免在刑法解釋中產生困擾。至於賄賂行為，其意義相當於公平交易法之利誘。

綜上所述之侵害類型，可知如事業為取得他事業之營業秘密，而以高薪引誘其員工之挖角行為，構成上述所稱「引誘他人違反保密義務」之不正手段；如員工圖利於自己任意跳槽到他公司，將公司之營業秘密洩漏於新雇用人，如新雇用人明知該資訊為他公司之營業秘密，基於圖利於自己而使用該資訊者，則該員工違反其與原雇用人之保密契約，構成刑法第三一七條之規定，如該員工未簽定秘密保持契約，則構成前述「正當取得人基於圖利於自己之不法洩漏行為」之侵害類型。而該新雇用人則構成前揭所述「第三人間接自他人違反保密義務或以不法手段而取得營業秘密」之侵害類型。唯有對於營業秘密完整之保護，始得以鼓勵發明，防杜國內惡性挖角、員工任意跳槽之歪風。

第三節　營業秘密侵害之救濟

第一項　在實體上之保護

第一款　美國

依據侵權行為法整編第七五七條，及統一營業秘密法第二、三條之規定，均賦予營業秘密所有人得請求核發禁止命令、損害賠償、及其他必要之積極作為之權利；統一營業秘密法尚有請求律師費、支付合理使用費之救濟，茲將其救濟方法，介紹如下：

一、禁止命令

由於營業秘密具有秘密性之特性，易於因喪失秘密性而消滅，因此，禁止命令係禁止被告之使用、洩漏以保護之。禁止命令亦包括命令

該案進行秘密審理，以確定係爭營業秘密之範圍及性質（注二七）。

依據統一營業秘密法，只要有盜用之危險，不必實際已發生危險，即得請求核發禁止命令。至於危險之程度如何？則由法院衡量商業道德之政策及允許員工得自由使用自己技能等事實決定之（注二八），違反禁止命令者，構成蔑視法庭罪（注二九）。由於美國禁止命令之種類極爲繁複，茲分述如下：

（一）禁止命令之種類

禁止命令可分三種（注三〇）：

1. 暫時限制令（temporary restraining order, 簡稱 T.R.O.）

此種禁止命令爲訴訟前之階段，在於維持現狀，防止當事人發生難以彌補之損害。通常 T.R.O. 之有效期間不會超過十天，但仍由法院決定之，他造在收到通知之二日內，得申請將 T.R.O. 撤銷或變更，原告應依法院之裁定提供擔保，以保障他造因核發錯誤所生之損害（注三一）。

2. 預備禁止命令（priliminary injunctions before trial 亦稱 temporary injunctions 或 injunctions pendente lite, 簡稱P.I.B.T.）

P.I.B.T. 在於訴訟後，法院爲維護調查證據階段到判決前之現狀所爲之禁止命令。

3. 終局之禁止命令（permanent injunctions after trial, 簡稱 P.I.A.T.）

P.I.A.T. 爲判決後所下之正式禁止命令，其需斟酌當事人之利

注二七　Melvin F. Jager, supra note 10. p. 7-5.
注二八　George S. Burns, Litigating Computer Trade Secrets in California, *V. 6, No. 3,Computer Law Journal*, Winter 1986, at p. 504.
注二九　參石角完爾，企業秘密／トレード・シークレット，第一法規出版株式會社，1988年3月初版，頁九二。
注三〇　本處之譯文係採自楊崇森，注一之文，頁二八三。
注三一　Melvin F. Jager, supra note 10, at p. 7-8,7-10.

益、公益等問題，予以核發。

　　爲明瞭起見，茲將上開禁止命令之先後順序繪圖如下：

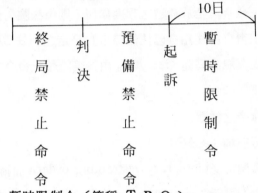

　　（二）暫時限制令（簡稱 T.R.O.）

　　爲維護雙方之利益，對於 T.R.O. 加以嚴格之限制，須經當事人已爲適當之通知並表示意見後才核發，依據聯邦民事訴訟規則第 65 條 b 項，程序上原告須先證明 (1) 已書面通知對造或 (2) 未能通知時應提出告訴狀或宣誓書，釋明不核發會造成不能回復之損失，如不知他造住所或對造姓名不詳，而無法送達。可頒發一造命令 (ex parte, order) （注三二）。實體上，原告須證明 (1) 不核發 T.R.O. 會造成不能回復之損害；(2) 頒發 T.R.O. 對於公益有利；(3) 不發 T.R.O. 時對其他利害關係人之損害；(4) 原告於訴訟時可能取得勝訴判決。T.R.O. 因准許或駁回預備禁止命令而消滅，且 T.R.O. 之內容及範圍，不宜太模糊致無法執行，亦不需詳細說明營業秘密之內容（注三三）。

　　（三）預備禁止命令（簡稱 P.I.B.T.）

　　P.I.B.T. 維護原告之營業秘密，於訴訟中證據開示期間及判決前免於洩漏，爲原告最適當之救濟方法（注三四）。依據聯邦法院認爲核

注三二　Id., at p. 7-6; 本處譯文採自楊崇森，注一之文，頁二八三。
注三三　Id., at p. 7-10, 7-11, 7-8.
注三四　Edmond Gabbay, All the King's Horses-Irreparable Harm in Trade Secret Litigation, *V. 11, No. 5, Fordham Law Review,* Apr' 1984, at p. 815.

發 P. I. B. T. 原告應舉證以下三點事實:

　　1. 有勝訴希望: 原告至少應提出表面證據說明有勝訴希望（注三五）。

　　2. 不核發 P. I. B. T. 會造成原告不能回復之損害; 所謂不能回復之損害， 乃指不能以金錢補償或不能以 金錢之標準來衡 量之損害（注三六），因此，得以金錢賠償，則不得請求核發禁止命令（注三七）。綜合實務之見解， 可歸納以下之情形， 爲不能回復之損害（注三八）:

　　（1）須有急迫之危險， 如僅有可能洩漏之危險，不在此限。

　　（2）不可避免之洩漏，如離職之員工在其新雇用人之工作中，如不使用原告之營業秘密，則無法工作時，則得禁止被告在特定領域工作。

　　（3）因被告竊取營業秘密， 致原告喪失競爭上之優勢。

　　（4）離職之員工與前雇用人之顧客從事交易， 得禁止之，但不得禁止員工與其他顧客交易。

　　學者間對於如何認定不能回復之損害，則因營業秘密之保護理論基礎不同（注三九），而有不同之見解（注四〇）:

注三五　Steven J. Stein, supra note 9, at p. 204.
注三六　Melvin F. Jager, supra note 10, at p. 7-16.
注三七　Id., at p. 7-25.
注三八　Id., at p. 7-18, 7-20, 7-21, 7-25.
注三九　在美國營業秘密保護，最主要之法律依據爲:
　　　（一）信賴關係違反說: 不論被告是否知悉原告有營業秘密存在，亦不論是否有營業秘密存在，只要被告明知經由該特殊之信賴關係取得資訊，竟違背該信賴關係而洩漏或使用者，卽應負責，因此，原告須舉證向被告爲營業秘密之通知，藉以證明被告知悉或可得知悉營業秘密之存在。
　　　（二）財產權說: 營業秘密爲一種財產權，如專利權、著作權一樣爲獨占之無形財產權，違反信賴關係只不過爲盜用之訴因，基此理論，認爲雇主洩漏營業秘密予員工， 卽產生默示之信賴關係，推定被告有收到營業秘密之通知。
　　　以上所述係引自生田典久，米・英における企業秘密の保護，ジュリスト 428號，1969年7月，頁五一; Steven J. Stein, supra note 9, at p. 14; Robert, C. Scheinfeld & Gary M. Butter, Using Trade Secret Law to Protect Computer Software, *V. 17, No. 2, Rutgers Computer and Technology Law of Journal*, 1991, at p. 384, 385.
注四〇　Edmond. Gabbay, supra note 34, at pp. 819-823.

（1）信賴關係違反說：此說依據盜用人之主觀意圖，決定是否有不能回復之損害，茲分以下三種情形說明之。

A. 被告明知盜用營業秘密之行為，當然構成不能回復之損害。

B. 被告在雇傭關係中獲得原告之營業秘密，原告要求禁止被告將雇傭期間所取得之營業秘密使用予新雇用人之工作，法院如認為該營業秘密為雇用人獨占所有，則構成不能回復之損害。至於原告如禁止被告使用自己之知識、經驗、技能之部分，則非不能回復之損害。

C、基於授權契約所為之使用行為，原告為防止被告違約，請求核發禁止命令時，法院認為基於契約所為之使用行為，當然不發生不能回復之損害。

綜言之，愈是惡意之行為，法院會覺得愈是不能回復。此見解為實務界及學者 Klitzke 所採（注四一）。

（2）財產權說：此說認為是否有不能回復之損害，應依原告之損害為要件。係認為是否有不能回復之損害，並不因被告之意圖而有所影響，應由原告之損害決定。基於原告之損害來決定，亦可使案件之結果，比較容易預測。再者，依據財產權理論，可擴大保護到非基於信賴關係所為之洩漏。原告所受損害之衡量方法有三（注四二）：

A. 基於競爭市場之性質，喪失領先期間，即為決定不能回復損害之重要因素，但喪失競爭利益，尚不一定構成不能回復之損害，尤其被告只是眾多競爭者之一，其行為對於原告，可能不構成嚴重之競爭危險。

B. 喪失顧客之信任及商譽，為不能回復之損害，例如被告使

注四一　法官 Holmes, Burgen 均採此見解，引自 Roman A. Klitzke, supra note 8, at p. 557, 558, 567.

注四二　Edmond Gabbay, supra note 34, at pp. 824-825.

用原告之營業秘密後，以較低之價格重製，此結果是難以回復的，乃因原告之顧客會覺得原告之價格偏高，而喪失顧客之信任。當然，喪失顧客之信任，亦可能爲其他因素，如被告之服務比較好等事實，亦應一倂考量。

　　Ｃ．喪失員工之信任，亦構成不能回復之損害，當員工覺得努力之結果，會被盜用之行爲所吸收時，或當中一個員工成功地盜用了雇主之營業秘密，可能誘發其他員工亦做同樣之盜用行爲，此時，減低了員工之職業道德，對於雇用人而言，亦構成難以估計之損害。

　　3. 平衡原告利益及公益，原告應證明 (1) 原告所受損害之危險比被告因禁止命令所生損害性高；(2) 爲減少被告潛在性之損害，原告應證明被告尚未花時間、金錢使用該資訊；(3) 抑制營業秘密之侵害行爲，有助於提高商業道德，促進公益（注四三）。

　　（四）終局禁止命令之時間

　　P.I.A.T. 爲法院於判決後所爲禁止盜用人使用營業秘密之命令，關於核發 P.I.A.T. 之核駁及時間實務上有三項原則，玆介紹如下：

　　1. Shellmar 原則

　　此原則確立於 Shellmar Products Co. v. Allen-Qualley Co. 一案，事實爲兩造洽談共同合作契約，製造販賣糖果包裝紙，協商中原告將營業秘密洩漏於他造，協商破裂後，他造竟已使用該營業秘密製造糖果包裝紙，因此，被害人請求核發永久終局命令 (prepetual injunctions)。此原則認爲兩造基於信賴關係而取得營業秘密，被告未經原告同意使用、洩漏者，縱使所有人日後自行將營業秘密公開或取得專利，亦得請求核發永久禁止命令，禁止被告永遠不得使用該營業秘密（注四四）。

注四三　Steven J. Stein, supra note 9, at p. 205.
注四四　Melvin F. Jager, supra note 10, at p. 6-15.

此種原則為學者認為有懲罰之性質，而有不當（注四五），並為統一營業秘密法所不採。

2. Conmar 原則

此原則確立於 Conmar Products Corp. v. Universal Slide Fastener Co. 一案，事實為原告之離職員工使用原告七種製造拉鍊之營業秘密，為被告製造機械，原告後來將七種營業秘密取得專利權，原告請求對被告頒發 P. I. A. T.，為 Hand 法官駁回，理由是原告取得專利權之前，被告從未接到原告之任何通知（注四六），此原則與 Shellmar 原則完全相反，認為一旦原告因取得專利權而使營業秘密消滅後，則不得再請求頒發 P. I. A. T.，蓋以一方面允許所有人因專利權取得獨占，一方面仍具有盜用之訴因，顯屬不公（注四七）。

3. Winston Reasearch 原則

此原則確立於第九巡廻法院 Winston Reasearch Corp. v. Minnesofa Mining & Mfg. Co. 一案，事實為原告花了四年之時間發展出精密錄音機之營業秘密，而被告公司為原告公司之離職員工所組成，被告公司在十四月內即發展出與原告競爭之錄音機，且該錄音機所使用之概念，含有原告公司之營業秘密，因此法院判令被告及離職員工自判決日起二年內不得使用、洩漏原告之營業秘密，以二年為禁止期間，乃是慮及原告即將公開該營業秘密（注四八）。此原則調和了前二項原則，將 P. I. A. T. 之時間定為「被告不使用原告之營業秘密，以還原工程或獨立發現之合法手段所需之時間」（注四九）；或為原告維

注四五　Id., at p. 6-25, 轉引自 Barclay, Trade Secrets: How Long Should an Injunctions Last? *26, U. C. L. A. L. Rev.*, 203. 211 (1978).

注四六　Melvin F. Jager supra, note 10, at p. 6-26.

注四七　Id., at p. 6-28.

注四八　Id., at p. 7-35, 7-42.

注四九　Id., at p. 7-42.

持其競爭利益之「領先期間（lead time)」（注五〇）。統一營業秘密法卽採此原則。茲說明如下：

統一營業秘密法第二條：

「禁止命令之救濟在實際盜用或有盜用之危險時，可請求核發禁止命令，惟法院對此禁止命令，原則上應於營業秘密消滅時解除，但例外時，可於合理之期間內存續，以減少因盜用所生商業上之利益」（注五一）。

二、損害賠償

營業秘密因被告之侵害行為而消滅時，亦得請求損害賠償，有補償性損害賠償及懲罰性損害賠償茲分述之：

（一）補償性損害賠償

計算補償性損害賠償之方法，目前法院尚無標準可循，最基本之計算標準有：

1. 原告所受損害：原告損害包括所失利益及其他結果之損失，如喪失商譽、防止喪失營業秘密之成本、減少投資之價值、研發成本等，原告尚須證明損害與盜用之間有直接因果關係（注五二）。

2. 被告因不法行為所生之利益：第四巡廻法院依據誠信原則，不允許以他人之費用獲得不當利益，得請求被告因不法行為所得利益（注五三）。

通常法院依據原告之證明，以定其損害額，如原告損害額大於被告所得利益，則依原告之損害額，反之，則依被告所得利益額。通常僅擇

注五〇　Roger M. Milgrim, *Milgrim on Trade Secrets, Vol. 1* Matthew Bender & Company, 1983, at p. 7-132.

注五一　本條譯文引自楊崇森，注一之文，頁二八九。

注五二　Felix Prandl, Damages for Misappropriation of Trade Secret, *V. 22, No. 3, Tort & Insurance Law Journal*, Spr' 1987, at p. 449.

注五三　Id., at d. 447.

一計算，但只要不重覆計算，亦允許同時請求二者（注五四）。

　　3. 比較標準法：即被告以不法手段取得營業秘密之成本與其以合法手段取得同一結果之成本相比較，即爲被告因盜用行爲所節省之數額爲損害額（注五五）。

　　計算損害賠償時尙應注意計算時間之起迄，應自被告使用原告之營業秘密時起至所有人自行將營業秘密公開爲止（注五六）。至於使用之意義在前節侵害類型之探討已論述。

　　（二）懲罰性損害賠償

　　如果盜用人基於故意且爲惡意時，得請求懲罰性賠償，但不得逾補償性損害賠償額之二倍（統一營業秘密法第三條 b 項）。例如被告繼續雇用原告之離職員工藉以取得營業秘密者；被告犯有詐欺、侵入住宅等犯罪行爲；違約是基於惡意之侵權行爲（注五七）、工業間諜、引誘他人違反保密義務，均認爲是惡意（注五八）。

　　三、合理之使用費

　　統一營業秘密法第二條 b 項規定

　　「如果法院認爲禁止將來之使用不適當時，得在應爲禁止命令之期間內，支付合理之使用費爲條件」（注五九）。

　　而何種情形爲禁止將來之使用不適當？綜合學者及各州之見解，約有下列數種：

　　（一）基於重大之公益，須讓盜用行爲繼續，如軍事防禦之目的。如在 Republic Aviation Corp. v. Schenk. 一案，因營業秘密可用於

注五四　Id., at p. 450.
注五五　Id., at p. 451.
注五六　Id., at p. 452.
注五七　Id., at p. 454.
注五八　Steve Borgman, supra note 6, at p. 104.
注五九　本條譯文採自楊崇森，注一之文，頁三〇七。

軍用飛機上，如准許頒發禁止命令，對美國越南戰爭會導致不當之妨礙，而駁回原告終局命令之申請，即爲適例。但法院亦命令對於使用該營業秘密，須向原告支付補償（注六〇）。

（二）善意第三人不知盜用之事實，如對其核發禁止命令，恐生重大不利之影響（注六一）。

某些州認爲原告無法證明損害額，得請求核定合理之使用費，以代替損害賠償之請求（注六二）。

另外，如被告尙未因盜用行爲而獲利時，亦得請求使用費，惟核定使用費，須以營業秘密未因洩漏而消滅爲前提（注六三）。

學者有認爲禁止命令才是所有人最有效之救濟方法，核定合理之使用費，應在最例外之情況才適用，否則，反而會抑制了發明（注六四）。乃因使用費之核定，無異強迫授權，如使用費過低，則發明人可能因此不再有興趣從事發明。

四、律師費

美國之律師費視各州之規定，原則上，除法律有明文規定外，以各自分擔爲原則（注六五）。依據統一營業秘密法第四條規定「如(1)以惡意提出盜用之訴訟或(2)以惡意提起解除禁止命令之申請或抗辯時；或(3)有惡意或故意之盜用事實存在時，法院得命他造對勝訴之一造負擔合理之律師費」（注六六）。然而某些州禁止請求懲罰性賠償者，亦認

注六〇　Melvin F. Jager, supra note 10, at p. 7-47.

注六一　Philip, Hablutzel, Uniform Trade Secrets Act Adoption by the States, 引自 Roger M. Milgrim, *Migrilm on Trade Secrets, Vol. 3*, Matthew Bender & Company, 1990, Appendix AA, at p. AA-5.

注六二　Ibid.

注六三　Vytas M. Rimas, Trade Secret Protection of Computer Software, *V. 5, No. 1, Computer Law Journal*, Sum' 1984, at p. 97.

注六四　Steve Borgman, supra note 6, at p. 92.

注六五　Melvin F. Jager, supra note 10, at p. 7-86.

注六六　本條譯文請參楊崇森，注一之文，頁三〇七。

爲得請求律師費，無異爲懲罰性賠償者，故亦在禁止之列（注六七）。

五、其他積極之行爲

依據統一營業秘密法第二條 c 項規定「在適當之情形，法院可命令強制爲保護營業秘密之積極行爲」。據此，原告可請求返還含有營業秘密之文件等資料或毀棄盜用營業秘密之產品或設備（注六八）。

營業秘密所有人對於上述之救濟方法可合併請求，卽對於盜用所致之眞正損失，除可請求損害賠償以代替禁止命令外，亦可二者一併請求（注六九）。

六、時效

統一營業秘密法第六條規定「發現盜用行爲時起或以合理之注意應可發現盜用行爲時起三年內可提起訴訟」，但繼續性之盜用行爲，時效如何起算？亦卽統一營業秘密法生效前之盜用行爲，而於該法生效後，仍存在者，應如何解決？有下列三種見解（注七〇）：

（一）生效前之盜用行爲不適用統一營業秘密法，生效後之盜用行爲卽適用。

（二）生效前之盜用行爲適用普通法，生效後之行爲適用統一營業秘密法。

（三）在生效之前之盜用行爲不適用統一營業秘密法，因繼續性之盜用行爲構成單一之請求，故縱繼續性盜用行爲於統一營業秘密生效後仍存在，亦不適用。此說爲統一營業秘密法所採，在於減少適用法則之複雜性（注七一）。

七、刑事罰

注六七　Steve Borgman, supra note 6, at pp. 104-105.
注六八　Melvin F. Jager, supra note 10, p. 7-49.
注六九　統一營業秘密法第三條。
注七〇　Steve Borgman, supra note 6, at pp. 114-116.
注七一　Id., at p. 118.

統一營業秘密法並無刑事處罰之規定，亦無直接處罰侵害營業秘密之聯邦刑法。只有國際竊盜法案，禁止運送州際或國際，超越五千美元以上，經由偷竊，詐欺而取得之貨物、產品或商品（注七二）。而各州以刑事罰處罰侵害營業秘密者較少，通常適用一般之竊盜，侵占等規定，只有少數幾個州，對於員工之不正取得行為有特別處罰之規定（注七三）。至於盜用人用自己之機器或所有人之機器複製營業秘密所附著之文件，以取得營業秘密內容，再將該文件放回原處，某些州認為亦為竊盜罪處罰之範圍（注七四）。

第二款　日本

日本在修正不正競爭防止法之前，實務上係依民法侵權行為之規定，請求損害賠償（注七五），惟依據侵權行為之法理，不作為請求之救濟，均為實務所否定（注七六）。然而，對於營業秘密之侵害，一般而言，不作為請求比損害賠償之救濟更為重要（注七七），乃因營業秘密一旦喪失其秘密性，即產生難以回復之損害，且營業秘密之侵害行為，大多具有繼續性之性質，因此，在不正競爭防止法中增設不作為請求權（注七八）。茲將日本之不正競爭防止法中有關營業秘密之救濟說明如下：

一、不作為請求權

日本之不作為請求權有二種，茲介紹如下：

（一）對於侵害營業秘密之行為（即本章第二節之侵害類型，前已

注七二　Steven J. Stein, supra note 9, at p. 159.
注七三　如加州，參石角完爾，注二九之文，頁一〇七。
注七四　Steven J. Stein, supra note 9, at pp. 159-161.
注七五　橫田俊之，注十四之文，頁七七。
注七六　參小野昌延，注十三之文，頁二八五。
注七七　參土井輝生，知的所有權法——現代實務法律講座，株式會社青林書院，1977年10月初版，頁一八一。
注七八　參橫田俊之，注十四之文，頁七七。

詳述），有侵害營業利益之虞者，得爲請求停止該不正行爲或預防上之
必要措置（不正競爭防止法第一條）。惟依不正競爭防止法之法理，不
作爲請求之救濟，以行爲之違法性及損害之發生或繼續爲要件，而不以
主觀要件爲必要（注七九），但修正後新法則以行爲人須有不正競爭之
目的，圖得不法利益，或意圖加害所有人爲目的或故意、重大過失等主
觀要件，爲不作爲請求權救濟之要件。就此，日本學者，則有以下二種
見解：

　　　　1. 贊成說：具備相當之主觀要件，俾免不當侵害員工職業選擇
之自由及維護交易安全（注八〇）。

　　　　2. 反對說：不作爲請求本在於及時預防損害之發生與擴大，以主
觀違法要素作爲不作爲請求之要件，可能使成立之情形變少（注八一）。

　　本文認爲營業秘密爲秘密性，似以具備相當之主觀要件，可避免不
當侵害第三人之權益，較爲妥適。

　　（二）對於侵害營業秘密之組合物或因侵害營業秘密所產生之物，
或侵害營業秘密之設備，得請求廢棄或停止該侵害行爲或爲預防之必要
措施（不正競爭防止法第四條）。本項是規定對於含有侵害營業秘密之
組合物，結果物、設備之廢棄請求及對於具體之不正行爲之停止、預防
請求權，與前述以有侵害營業利益之虞之不作爲請求權不同。

　二、損害賠償請求權

　　因故意或過失侵害他人之營業秘密，致有害於營業上利益者，負損
害賠償責任，但因不作爲請求權因時效消滅後，自使用營業秘密所生之
損害，不在此限（不正競爭防止法第一之二條第三項）。質言之，不作

注七九　參四宮和夫，不正競爭と權利保護手段，法律時報31卷2號，1959年，
　　　　頁十九。
注八〇　參橫田俊之，注十四之文，頁七八。
注八一　參中山信弘，營業秘密の保護の必要性と問題點，ジユリスト962號，
　　　　1990年9月，頁十六。

爲請求權罹於時效後之損害，即不得請求賠償，以使法律關係早日確定，並促使所有人儘速行使其權利。

本條之損害賠償請求與民法侵權行爲之損害賠償並存（注八二）惟有學者認爲有時損害額難以證明，宜設損害額推定方式，俾以減輕被害人之舉證責任（注八三）。

三、回復信用請求權

對於侵害營業秘密之行爲，而有害於他人營業上之信用者，法院得依被害人之請求以回復信用之必要措施之命令代替損害賠償，或與損害賠償合併請求（不正競爭防止法第一之二條第四項），何謂回復信用之必要措施？例如由加害人負擔費用在新聞紙上登載謝罪廣告、命令取消廣告等（注八四）。

四、時效

依據不正競爭防止法第一條第三項各款之營業秘密侵害行爲之不作爲請求權，因侵害行爲繼續，而有害於營業上利益之虞者，自所有人知悉其事實及行爲人時三年起，或自繼續使用行爲開始時起十年內，不行使而消滅（不正競爭防止法第三條之二）。日本僅就不作爲請求權設有時效之規定，至於損害賠償請求權則依一般時效之規定，如爲繼續性之不法行爲，則損害賠償之時效每日重新起算（注八五）。有學者認爲營業秘密並無如專利權設有獨占時間，乃借用消滅時效之規定，作爲營業秘密之實質存續期間（注八六），但事實上仍有可能因下列之原因而無限延長（注八七）：

注八二　橫田俊之、熊谷健一、廣實郁郎、中村稔，注十八之文，頁三一。
注八三　小野昌延，注十三之文，頁三二七、三四八。
注八四　同前注，頁三五七。
注八五　謙田薰，營業秘密の保護と民法，ジュリスト 962號，1990年 9 月，頁三六。
注八六　同前注。
注八七　同前注，頁三七。

（一）法文中以繼續性不正行為為時效之起算點，若自使用開始時起到不作為請求時，違法狀態並未繼續，則不發生消滅時效起算之問題。因此，有學者認為「繼續」二字，恐係贅文。

（二）不正侵害行為為複數時，消滅時效分別起算，時效可能無限延長。

（三）可能因消滅時效中斷事由，反而致存續期間無限延長。

本文以為，消滅時效之設，原在於避免權利義務關係長久處於不確定之狀態，為維護法律之安定性，與營業秘密之存續期間，應屬無關。

五、刑事罰

日本對於直接處罰侵害營業秘密之刑事罰，未於刑法規定，亦未於不正競爭防止法中設有規定。有學者認為未於不正競爭防止法訂立刑事罰則，乃因公益性較高者，始有刑事罰則，而營業秘密之侵害，個人利益保護色彩較濃，故未設規定（注八八），然而，亦有學者認為對於侵害營業秘密之行為，刑事制裁才是最有效之方法，應增設規定（注八九）。在實務上認為複製並竊取含有營業秘密之有體物時，則認為所竊取的並非單純之有體物，而係該有體物內之資訊，排除權利人之權利，將他人之物與自己所有物同樣地經濟性之使用、處分，即為不法所有之意思（注九○），成立竊盜罪，至於竊取他人含有營業秘密之有體物後，將該有體物加以複製後而放回原處或返還者，不影響其不法所有之意思，仍成立竊盜罪（注九一）。

第三款 德 國

注八八　參中山信弘，注八一之文，頁十八。

注八九　參滿田重昭，不正競爭行為の防止と最近における問題點，法律のひろば40卷11號，1987年11月頁二七；同前注，頁十八，亦採此見解。

注九○　知的所有權法研究會編，注十二之文，頁九三。

注九一　同前注，頁一五六。

西德早在羅馬法時代,即以刑罰保護侵害營業秘密之行為(注九二),而在不正競爭防止法之規定中,即以刑事罰為主,另有損害賠償請求權及不作為請求權,茲介紹如下:

一、刑事罰

侵害營業秘密者,處予刑罰(相關規定已於前節詳述,此不贅述),如於國外利用或明知將在國外利用者,即認為有特別重大情事,而加重其最重本刑為五年以下有期徒刑(第十七條第四項),而刑事罰採告訴乃論,如為涉及公共利益之營業秘密,則為非告訴乃論(第二二條)。

二、不作為請求權

對於侵害營業秘密之不作為請求權,是依據不正競爭防止法第一條之概括條款,「於營業交易中, 以競爭為目的, 而違背善良風俗之行為, 得請求不作為及損害賠償」之規定(注九三)。

三、損害賠償請求權

對於侵害營業秘密之行為, 就因此所生之 損害應負擔損 害賠償責任, 有多數義務人時, 負連帶債務人責任(第二〇條、 第十七、 十八條)(注九四)。

四、時效

「不作為請求權及損害賠償請求權,自請求權人知有行為或義務人時起,六個月不行使而消滅,不問知悉與否,自行為時起逾三年者,亦同」(注九五)。

第四款　小　結

為便於比照分析,茲分點說明之。

注九二　參佐久間修,企業秘密の侵害と刑事責任,判例タイムズ36卷28號,1985年12月,頁十三。

注九三　參蔡明誠,注二一之文,頁二七三。

注九四　本處譯文參徐火明,注二一之文,頁三四〇。

注九五　本條譯文參蔡明誠,注二一之文,頁二七六注二九。

一、民事救濟

（一）不作爲請求權

美國起訴前之暫時限制令，與訴訟中之預備禁止命令，與我國假處分之規定極爲相似，均爲判決前之救濟方法。

我國假處分之聲請，在營業秘密可適用之情形，應可依民事訴訟法第五三八條「於爭執之法律關係，有定暫時狀態之必要」之規定，惟美國則需舉證 (1) 有勝訴希望；(2) 不能回復之損害；(3) 對於公益有利等因素始核發之，我國於日後立法時或在實務之運作時，似可參考之。

惟假處分之聲請，在於保全將來之強制執行程序，不以行爲人之主觀要件爲審酌內容，此與美國之預備禁止命令相似。但如依學說上信賴關係違反說，依行爲人之主觀惡性，以斟酌是否有不能回復之損害者，則有不同。

假處分之本訴爲公平交易法第三〇條之規定，其規定與日、德相似，我國以事業不法取得營業秘密之行爲有違公平競爭之虞，致侵害他人權益爲要件，日本以具備以競爭爲目的，圖利於自己或加害所有人之侵害營業秘密之行爲，有侵害營業利益之虞者爲要件，德國則以行爲人以競爭爲目的，而違背善良風俗之行爲爲要件，均以具備行爲人之主觀要件爲必要。至於美國之終局禁止命令所發展的三項原則，似依據行爲人主觀之惡性及營業秘密是否消滅，以決定其核駁及禁止之時間。惟本文認爲如營業秘密已消滅，實無再主張不作爲請求權之必要，理由如下：

1. 營業秘密消滅後，仍得對盜用人行使損害賠償請求權，對於權利之保護，應已足夠。且營業秘密之侵害行爲，尚有刑事處罰，對於行爲人已有適當之懲罰。

2. 就不作爲請求權本身之目的而言，本在於防止損害之發生與擴大，如營業秘密已消滅，因權利已不存在，實無再行使不作爲請求權之必要。

3. 至於 Shellmar 原則認為在權利已消滅後，仍得核發永久禁止命令，顯為處罰惡意行為人，而具有懲罰性質。惟我國已對行為人以刑事罰作為懲罰，實無必要再為不作為請求，而產生雙重懲罰。

4. 至於 Winston Reasearch 原則，以「被告不使用原告之營業秘密，以還原工程或獨立發現之合法手段所需之時間，或為原告維持其競爭利益之領先期間」為不作為請求權之時間。此原則恐在適用上，會發生時間認定之困難。

至於美國之其他必要積極行為之救濟，包括返還含有營業秘密之文件等資料，或毀棄盜用營業秘密之產品，是否包含於公平交易法第三〇條不作為請求權規定之意義內：

本文認為公平交易法第三〇條之侵害除去請求權及侵害防止請求權，前者在於除去侵害之狀態避免損害擴大，後者在於預防損害之發生，解釋上應不包括「返還營業秘密之文件等資料」之意義，但包括「毀棄盜用營業秘密之產品」之意義，茲分點說明之：

1. 返還含有營業秘密之文件，本身為一種積極之返還請求權與侵害除去請求及侵害防止請求權，意義不同。如請求返還之文件，為原本被盜用之文件，可依民法物權篇第七六七條之規定請求返還，如係複製之文件，則不得依該條規定請求，蓋因民法物權之規定，係保護所有人原來文件之占有。因此，返還含有營業秘密文件之複製物之請求權基礎，似有另行規定之必要。

2. 毀棄盜用營業秘密之產品，在於避免損害之擴大或發生，解釋上應可包括於公平交易法第三〇條之規定之意義內。

至於日本不正競爭防止法第四條規定之廢棄設備請求權及停止侵害行為或預防措施之請求權，亦在於防止損害之發生與擴大，其意義與公平交易法第三〇條之規定，應為相同。

另外，我國以判決書登載新聞紙，作為回復信譽之方法，與日本之

回復信用請求權相近，惟日本之規定，回復信用之方法，則依被害人之請求選擇之，其方式較爲繁多。本文認爲營業秘密以具有秘密性爲必要，判決書之揭載，可能導致營業秘密之消滅，故以判決書之揭載作爲回復信用之方法，恐有未當，似可改採日本之規定，由被害人自行選擇適當之回復信譽之方法爲宜。

（二）損害賠償請求權

我國公平交易法之規定，係參考美國之立法例，其計算損害賠償之方法中，原告所受損害及被告所得利益之計算方法，與我國公平交易法第三二條類似，至於比較標準法，即被告因不法手段取得營業秘密因此所節省之費用，解釋上似可歸類於被告所得利益。

我國公平交易法第三二條第一項所規定之懲罰性賠償亦與美國類似，而日本、德國則無此規定。

如有多數人有共同侵害他人營業秘密者，依據德國法規定，多數義務人負連帶債務人責任。本文認爲多數人之侵害行爲，與民法第一八五條共同侵權行爲規定之法理相同，惟如欲使共同侵害人負連帶賠償責任，似有再予以特別規定之必要，俾賦予被害人請求權基礎。

（三）時效

我國公平交易法關於時效之規定，與侵權行爲之時效相同，本文認爲營業秘密之侵害行爲，本爲一種侵權行爲之類型，似無不妥。

二、刑事罰

我國刑事罰依公平交易法第三六條規定係以主管機關（即公平交易委員會）之停止命令而不停止爲前提要件，則如行爲人一旦不法取得營業秘密，事實上已構成公平交易法第十九條第五款之行爲，且有可能致營業秘密之價值有所減損，甚至消滅者，而有害及所有人之利益，如其因公平交易委員會之停止命令而停止其行爲者，而免於處罰者，則刑罰之規定無異成爲具文。本文認爲宜仿德國之規定，將營業秘密之刑事

罰，改採告訴乃論，如涉及公共利益者，始爲非告訴乃論，刪除以行政機關之停止命令爲刑事罰之要件之規定，理由如下：

（一）侵害營業秘密之行爲，本質上爲個人法益之保護，在刑法之體系上，保護個人法益者，多爲告訴乃論之罪，以權利之發動，繫於被害人之意思。

（二）營業秘密之侵害，如進行訴訟程序，極有可能在訴訟程序之進行中，因涉案訴訟關係人之洩漏，或媒體之報導，致減損營業秘密之價值，甚至致營業秘密消滅，因此，是否進行訴訟程序以保護其權利，或由被害人與加害人自行以私下和解之方式解決，宜由被害人自行斟酌具體情事決定之。

（三）涉及公益之營業秘密，所保護之法益，則非僅爲個人之法益，可能有社會法益或國家法益，如有關國防工業之營業秘密，涉及國家法益，宜將追訴犯罪之發動權，歸屬於檢察官。

（四）公平交易法第三六條規定，公平交易委員會對於侵害營業秘密得限期命其停止而不停止者，始處以刑罰，立法本意固在於因是否有「不正當方法」、「妨害公平競爭之虞」，宜先交由公平交易委員會之專責機關認定，始受刑事制裁爲妥，惟有時一有侵害營業秘密之行爲，如惡意行爲人取得營業秘密後即將其公開致營業秘密消滅，如以公平交易委員會之停止命令爲刑事罰之要件，則刑事罰難有適用之餘地，因此，本文認爲是否有「妨害公平競爭之虞」或「不正當方法」之事實，如因檢察官非屬專業之機關，而無法認定該事實時，則可由檢察官送交公平交易委員會認定後，再認定之，且依刑事訴訟法第二四一條規定：「公務員因執行職務，知有犯罪嫌疑者，應爲告發。」公平交易委員似可依本條之規定，認爲有告發之義務，不宜以其停止命令作爲刑事罰之前提。

（五）再者，以公平委員會之停止命令爲刑事罰之前提，因該停止

命令爲一種行政處分，如行爲人對該停止命令不服，並不停止其侵害營業秘密之行爲，而提起訴願、再訴願、行政訴訟，由於公平交易法第三六條所規定之犯罪事實，因停止命令之行政處分尙未確定而未確定，故檢察官不宜在行政爭訟確定前，進行犯罪之偵查起訴，刑事案件之審理，亦不宜進行。惟營業秘密具有商業上之時效利益，而行政爭訟程序極爲冗長，俟行政爭訟確定時，營業秘密早已因行爲人之侵害或時間之經過而成爲無價值之資訊，縱該資訊仍有價值，行政爭訟確定後再進行刑事救濟，則非三、五年不能確定，對被害人而言，無疑地，只是一種遲來之正義。故以公平交易委員會之停止命令爲刑事罰之要件，至爲不當，應予刪除。

另外，公平交易法第三八條規定對於法人科以第三六條之罰金，則公平交易法第二條所稱之事業中，獨資或合夥之工商行號、其他提供商品或服務從事交易之團體等爲非法人之事業，不受刑事罰金之處罰，則有失公平，因此，第三八條應將法人改爲事業似較妥適。惟有學者則認爲依憲法所揭示之比例原則，依第四一條規定可處新臺幣一百萬元，對於法人處以行政罰，卽可收制裁之效果，而主張刪除第三八條之規定（注九六）。惟本文認爲對於營業秘密之侵害行爲以刑事罰似較妥當，不宜改採行政罰之制裁，理由將於討論行政罰之問題中詳述之。

三、行政罰

我國行政罰之規定，亦以公平交易委員會命令停止或改正其行爲而不停止爲行政罰之要件，惟有時一有侵害營業秘密之行爲，卽有使營業秘密消滅之危險，行爲人因公平交易委員會之命令而停止其行爲者，則免於處罰，則行政罰根本無適用之餘地，無異縱容不法行爲。本文認爲營業秘密之立法本旨，雖在於確保公平競爭，維持交易秩序，惟其本身

注九六　廖義男，公平交易法關於違反禁止行爲之處罰規定，政大法學評論第四十四期，八十年十二月，頁三四七～三五〇。

可逕視爲一種獨立之侵權行爲類型與公平交易法第十九條其他各款，爲
妨礙公平競爭之虞之行爲，略有不同，且一有侵害營業秘密行爲卽已致
妨礙公平競爭之結果，應無需再由公平交易委員會裁量是否有妨害公平
競爭之情形，因此如欲對行爲人處以行政罰，宜逕行規定侵害營業秘
密，卽處以行政罰，不宜以公平交易委員會之命令停止而不停止爲處罰
之要件。有學者亦認爲應增加「違反公平交易委員會依本法所爲之命令
停止或改正處分，卽應受罰鍰」之規定，以強化公平交易委員會得有效
行使糾正權外，亦彌補現有規定，對於事業違反公平交易委員會依第
十六條命令停止或改正其行爲時所應負之責任未規定之缺陷，而主張將
第四一條前段修正爲「事業違反本法禁止規定，或違反公平交易委員會
依本法所爲之命其停止或改正處分者，處新臺幣一百萬元以下之罰鍰」
（注九七）。

　　再者，依公平交易法第三八條規定已對於事業法人科以罰金之刑事
制裁，復於同法第四一條規定，對於事業科以罰鍰之行政罰，顯係對於
同一主體同一行爲同時有刑事罰與行政罰之制裁，是否會違反一行爲不
兩罰之原則？實務及學者有不同之見解（注九八）：

　　（一）行政法院認爲刑罰之制裁與行政上之處罰二者可以併行，並
不發生從一重處斷之問題。蓋二者性質不同，分別依照規定予以處罰於
法並無限制，不生重覆之問題。如行政法院四二年判字第一六號。

　　（二）學者有主張從重吸收，係認爲一行爲同時觸犯刑事罰金制裁
與行政罰鍰制裁者，由於刑罰之懲罰作用較重，因此單科刑罰卽足以警
惕行爲人，實無加以雙重處罰之必要。且行爲人只爲一個單一行爲，而
因法規之競合而同時構成犯罪行爲及行政不法行爲，如因此，一行爲須
受同爲非難不法而具有懲罰性質之刑罰及罰鍰之雙重處罰，違反一行爲

注九七　同前注，頁三五〇。
注九八　同前注，頁三四七～三四八。

不兩罰之原則。

（三）學者亦有認為上開二種見解均不妥適，乃因公平交易法第三八條規定處罰法人罰金之額度與同法第四一條規定處罰事業罰鍰之額度並不相稱。申言之，依第三八條對法人科以第三六條之罰金時，最高金額為新臺幣五十萬元以下，而依第四一條對事業所處罰鍰，最高可處新臺幣一百萬元以下，因此依憲法所揭示之比例原則，先處以懲罰性質較輕之罰鍰時，實際上，已可高達新臺幣一百萬元以下，並可按次連續處罰至停止或改正為止。故事實上，已無必要依行政法院得併行處罰之主張，再處最高金額僅五十萬元以下之罰金，而另一方面，如依學者主張應從重吸收，則僅能處罰懲罰性質較重之罰金，而罰金之最高金額為新臺幣五十萬元以下，較最高金額為新臺幣一百萬元以下之罰鍰，實際上對事業所課予財產上之不利益，反而較輕。因此認為對於法人依第四一條之規定處以罰鍰，並繼續限期命其停止或改正其行為，而按次連續處罰至停止或改正，即得以達到制裁之目的，無須再科以罰金，而認為現行第三八條之規定應刪除之。

本文認為刑事罰與行政罰似無並存之必要，應刪除行政罰之規定理由如下：

（一）學理上認為行政罰可區分為行政刑罰與行政秩序罰，前者為其惡性有直接侵害社會法益，處以刑法上所定刑名之制裁，如死刑、無期徒刑、有期徒刑、拘役、罰金等，後者為義務之懈怠，致有影響社會秩序之危險，則科以罰鍰、罰役、拘留等（注九九）。準此，公平交易法之規定為一種行政秩序罰，然而營業秘密之侵害行為本質，並非一種義務之懈怠，而為直接侵害個人法益或社會法益之行為，故不宜以行政秩序罰規範之。

注九九　林紀東，行政法，三民書局，七十五年八月初版，頁三六二～三六三。

（二）依據公平交易法第三六條規定，對於事業之負責人科以刑事罰，而對事業因同法第四一條規定處罰鍰之金額較高而依該規定處罰，科以行政制裁之罰鍰，則產生對事業負責人為刑事罰，對事業法人為行政罰之現象，與我國現行兩罰之制度不同。

（三）綜觀上述之各國立法例，對於營業秘密之救濟均無行政罰之規定，我國似無規定之必要。

（四）再者，刑事罰之懲罰作用較重，似依刑事罰保護較妥。如因刑事罰之金額較低，而致事業法人所受財產上之不利益較輕，不如行政罰制裁為有效時，則應考慮修正提高刑事罰制裁之金額，而非因此而採取行政罰之制裁。

（五）我國之所以有行政罰之規定，本文以為可能係因侵害營業秘密之行為是否有妨礙公平競爭之虞或為不正當方法之情事，須先交由公平交易委員會之專責機關裁量後再為行政處分，故有行政罰。惟侵害營業秘密之行為本身，即已致妨害公平競爭之結果，應不須再交由公平交易委員會裁量是否有妨害公平競爭之虞。且是否為不正當方法，依據罪刑法定原則，亦不宜交由公平交易委員會裁量，應以法律明文規定。因此既無須交由公平交易委員會裁量，則行政罰亦無存在之必要。

四、其他規定

至於美國尚有律師費，合理使用費之規定，本文認為不宜採行，理由如下：

（一）律師費收費標準不一，如得請求，恐生計算上之困難，且律師費之請求，帶有懲罰之性質，我國公平交易法已有懲罰性賠償，及刑事罰之懲罰，不宜再增列。

（二）合理使用費，原在於代替不適當之禁止命令，惟我國之不作為請求權，以行為人之惡性為主觀要件，殆無發生如美國所述對於善意第三人核發禁止命令為不適當之情形；美國某些州之判決認為原告無法

證明損害額或被告尚未獲利，得以合理使用費代替損害賠償，惟本文認為損害賠償原在於填補損害，如無受損害，自無賠償可言，如仍令被告支付使用費，無異帶有懲罰性質，且合理之使用費，係依營業秘密之價值高低而定，標準不一，亦生計算上之困難。

至於在法律制定之前，已存在之繼續性侵害行為，基於法律不溯及既往原則，在法律生效前之行為，自不得予以處罰，自法律生效之後仍繼續為侵害行為者，則應處罰，以免容認不法行為之存在。因此，美國之規定認為在法律生效前之繼續性侵害行為，構成單一之請求，於統一營業秘密法律生效後仍存在之行為，亦不適用統一營業秘密法，雖然可減少法律適用之複雜性，但無異鼓勵法律生效前之侵害行為，本文認為並不可採。

第二項　訴訟程序之保護

第一款　各國立法例

一、美國

統一營業秘密法有訴訟程序保護營業秘密之規定，其規定如下（統一營業秘密法第五條）：

「依本法，法院為保持系爭營業秘密之秘密性，得採取合理之手段，包括在開示證據程序核發保護命令（protective orders）、秘密審理（in camera）、封鎖訴訟紀錄、命令有涉案之訴訟關係人未經法院同意不得洩漏營業秘密」，析言之，在訴訟程序之保護方法有：

（一）保護命令：此命令乃在於禁止在證據開示階段將營業秘密開示，與本節第一項所談及之預備禁止命令，係在於禁止被告使用、洩漏營業秘密之意義不同，但其在於保護營業秘密，免於洩漏之目的，則同一。依據聯邦民事訴訟規則第 26 條 C 項第七款規定，請求核發保護命令，原告須證明：1. 營業秘密之存在；2. 洩漏將致所有人損害，則舉

證責任則轉由被告證明，洩漏是有關連且必須的，法院再就二者加以衡量，以決定是否核發保護命令（注一〇〇）。

（二）秘密審理：即審理程序不公開，秘密審理通常在於決定營業秘密是否存在及其屬於何種營業秘密。進行秘密審理程序，可禁止被告之任何代理人（律師除外）應訊，且禁止所有出庭之人包括律師在內，將當事人於開庭所提示之證據向外洩漏，此種秘密審理程序，法院認為與美國憲法所要求之正當法律程序並無抵觸，而屬於審判法院裁量之範圍（注一〇一）。

（三）封鎖訴訟紀錄：美國採訴訟紀錄之一般公開制度，任何人均得閱覽訴訟紀錄，而封鎖訴訟紀錄後，即限制一般人之閱覽。開庭過程中任何人之速記、抄本、副本或任何形式之紀錄在離庭前均封存於法院，存放一段時間，當事人與法官、律師對於有關營業秘密約定代號，當陳述時，當事人和律師只提代號，而法官亦瞭解，法庭紀錄上亦僅記代號，法官有時會命令速記員刪除或不記載某些營業秘密之事項。且審判過程中雙方所提出之證物均密封後交存法院，法院只印足夠之份數供開庭之用，開庭之後立即收回保存，當事人一方想查閱他方之證物資料時，均須得法官許可後，在受監督的狀態下進行（注一〇二）。

（四）命令訴訟關係人未經法院同意，不得洩漏營業秘密：所有之訴訟關係人均負有保密義務，所謂訴訟關係人應包括當事人、證人、鑑定人等。

如果洩漏營業秘密是有必要的，實務上亦設計以下幾種有限度之洩漏方式，以防止營業秘密之洩漏（注一〇三）：

注一〇〇　Steven J. Stein, supra note 9, at pp. 195-196.
注一〇一　Melvin F. Jager, supra note 10, at p. 7-5, 7-6.
注一〇二　陳錦全，美國法院對營業秘密的防護措施，資訊法務透析，七十八年十一月，頁七。
注一〇三　Steven J. Stein, supra note 9, at pp. 197-198.

（一）僅洩漏予獨立之專家，該專家須經由法院之認可，並且僅向被告報告結論。

（二）將被告公司之經理人及顧問排除之外，得有限度洩漏予其他之顧問。

（三）僅有限度洩漏予所有訴訟紀錄上之所有律師（包括兩造所屬的），但不包括非律師之代理人。

（四）兩造相互將營業秘密密封予信封內，呈交法院。

（五）允許原告僅洩漏爭點中代表性之樣本，以保持營業秘密之地位。

此外，原告應通知每個人，要求渠等以書面保證不會不當洩漏或不法使用營業秘密。

最近在聯邦第九巡廻上訴法院卽發保護命令禁止原告公司剛到職之法律顧問檢閱被告之營業秘密，以保護兩造之利益，乃因該法律顧問有義務對其雇用人提供有關契約、行銷、聘雇方面之法律意見，而可能洩漏他造之營業秘密（注一〇四）。

二、日本

日本在訴訟程序採取徹底公開制度，不僅審理程序公開，訴訟紀錄亦公開，其規定爲（注一〇五）：

（一）憲法第八二條第一、二項規定：「法院審理及判決，應予公開之法庭進行」

「在法官全體一致決定有害於公共秩序、善良風俗之情形，不公開」。

（二）法院組織法第六〇條第一項，民事訴訟法第一五一條第一項

注一〇四　張凱娜譯，載於資訊法務透析，八十一年九月，頁九。
注一〇五　小橋馨，營業秘密の保護と裁判公開の原則，ジュリスト962號，1990年9月，頁三八～三九。

規定，訴訟紀錄原則上由書記官保存，任何人均得閱覽，僅限於以下之情形，限制閱覽:

　　1. 保全訴訟紀錄之必要，或妨害法院之職務。

　　2. 未進行言詞辯論者，且禁止訴訟紀錄之公開，僅限於第三人釋明與當事人間之利害關係，得請求交付閱覽。

　　由於日本採取徹底之公開制度，有學者認為將使營業秘密之救濟制度，有名無實（注一〇六）。因此，有學者認為可採取以下幾種方式，作為解決之方法:

　　1. 重新自民事訴訟法全盤檢討（注一〇七）。

　　2. 由法官訴訟指揮權之行使，以防止營業秘密之洩漏（注一〇八）。

　　3. 利用仲裁程序，經由兩造信賴之第三人擔任仲裁角色，可選任學者、法律學家、法院、企業人，根據契約解釋，將紛爭作法律性之判斷，以私下解決紛爭代替法院之判決（注一〇九）。

　　本文認為自 1. 之觀點，重新修法，緩不濟急，但為最根本解決之道；自 2. 之觀點而言，訴訟指揮權之行使，繫乎法律之授權，否則，恐有違憲之虞；自 3. 之觀點，則可能產生以下之問題（注一一〇）。

　　　（1）仲裁非以國家公權力為背景，無不作為請求權及損害賠償請求權之救濟。

　　　（2）仲裁須經當事人事前合意，如無事前合意，勢必難以進行仲裁程序。

注一〇六　松本重敏，企業秘密の法的保護（三），NBL 439 號，頁二三。
注一〇七　橫田俊之、熊谷健一、廣實郁郎、中村稔，注十八之文，頁二〇。
注一〇八　謙田隆，ノウハウ法的保護，載於湯淺・原法律事務所編，知的所有權の保護──その實務傾向，社團法人發明協會，1977年12月初版第三刷，頁六九五。
注一〇九　參石角完爾，注二九之文，頁一四一。
注一一〇　同前注，頁一四三～一四五。

　　（3）仲裁人之選擇，是否適當，即成為問題，對於營業秘密侵害救濟之情形，仲裁人應對營業秘密之價值有所瞭解，但營業秘密價值之評價，即為困難之問題。

　　（4）仲裁程序費用可能較高，價值較低之營業秘密即不適用。

　　另外，亦有學者，針對憲法之規定，作學說上之解釋，以限制審理之公開（注一一一）：

甲說：將營業秘密公開，將無視於基本人權、個人尊嚴或違反正義，不符合憲法之精神。且可能導致關係人私生活秘密之不當暴露，或當事人營業上之秘密暴露而有害於其利益之情形，基於保障人權之要求，應不公開。

乙說：營業秘密在產業界負有相當之功能，若以產業秩序為考慮，在訴訟中洩漏營業秘密，可能導致產業界之混亂，即憲法第八二條第二項所稱「有害於公共秩序」。

　　有學者認為，甲說以營業秘密作為憲法公開限制之理由，其根據似嫌薄弱；而營業秘密之公開僅有害於所有人之利益，乙說則將營業秘密之公開，認為有害於社會公益，其理論實有疑義（注一一二）。本文認為營業秘密之保護，不僅是維護個人權益，更在於維持競爭秩序及商業道德，鼓勵創造發明，亦含有社會公益之色彩，乙說之見解，有其可取之處；至於甲說，其理論依據確嫌薄弱，蓋以營業秘密保護，以保護個人隱私權之法益，與憲法為保障審判程序公正之公益，相較之下，似不宜以該理論作為程序不公開之依據。

　　三、德國

　　德國不採徹底公開制度，未進行言詞辯論者，不公開，如抗告、破產、家事事件、行為能力、禁治產事件，均不公開。且明文規定，公開

注一一一　小橋馨，注一〇五之文，頁四二。
注一一二　同前注。

審理如有害於有重要保護價值之營業上，生產上之發明及稅務上之秘密，排除一部或全部公開（注一一三），對於在庭者，因辯論而知悉有關之公文書，有保密義務（注一一四）；另外，德國不採訴訟紀錄一般公開制度，僅限於當事人始能閱覽訴訟紀錄，當事人可向書記官請求付與正本、抄本及謄本，第三人釋明利害關係且經當事人同意，得允許第三人閱覽，但第三人最後是否能閱覽，仍由審判長視當事人之秘密保持義務之情形，予以裁量（注一一五）。

第二款 訴訟程序保護之例外

在一九八八年十月華盛頓郵報有一則顯著之新聞標題爲「公眾之法院，私人之法官」，其新聞內容指出，在華盛頓特區，超過二百件以上有關處理公共政策或安全之訴訟紀錄被封鎖，尤其在產品責任訴訟當中，因產品攸關人體之安全、健康，均因爲營業秘密之故，而未公開，而原告亦通常願意以和解之方式，同意保持秘密，以獲得更多之和解金（注一一六），致使許多危險之商品，仍繼續存在危害公眾。因此，核發保護命令（protective order），應考慮公共利益，且縱使兩造合意維持秘密，亦應公開（注一一七），本處茲綜合美、日學者之見解，臚列訴訟程序保護之例外情形：

一、生命、健康之安全性

憲法以保障人民之生命、健康爲基本政策，生命、健康之權利爲人民之基本權利。因此，消費者之生存權比企業之財產權，更優先受到重

注一一三　同前注，頁四〇。
注一一四　同前注。
注一一五　同前注。
注一一六　Paul Marcotte, Keeping Secrets, *V. 75, ABA Journal*, Nov' 1989, at p. 32.
注一一七　作者不詳, Trade Secret in Discovery: From First Amendment Disclosure to Fifth Amendment Protection, *V. 104, Harvard Law Review*, Apr' 1991, at p. 1333.

視，營業秘密所有人不得以營業秘密而拒絕提供（注一一八），但衡量雙方利益，得僅洩漏有害於公眾之成分（注一一九）。另外，勞工之工作場所及勞工所處理之化學成分，關係勞工之健康及安全，其價值遠超過公司之利益，營業秘密所有人亦不得拒絕提供（注一二〇）。惟為保護所有人之利益，得經雙方合意，僅開示予有決定權之調查員（注一二一）。

至於工廠公害物質之排出，在日本曾有一則案例，有關公害物質之排出，及排出物質之機器裝置，構成企業之營業秘密，在調查事實時，企業主張以「營業秘密」為由拒絕調查（注一二二）。但本文第二章第二節已論及，公害因不具有正當之經濟利益，並非營業秘密，自不予保護，卽仍應予進行公開審理。如該資訊是否為公害物質，尚有疑問時，亦不得拒絕提供。其他如雇用人違反勞工法令之工作規則，因其為違法之資訊，並非營業秘密，亦不受保護。

二、犯罪之偵查

為發現眞實，如涉及偵查犯罪之情形，亦不得以營業秘密為由，拒絕調查，日本刑事訴訟法第一九七條定有明文（注一二三）。例如，日本卽曾發生汽車廠試驗新車，造成工作人員死亡，廠方卽限制調查人員，不准入內攝影，依上開法規，其不得拒絕調查（注一二四）。惟本

注一一八　木元錦哉，消費者保護と企業秘密の公開,法律時報五卷四號,1969年4月，頁五四～五五。

注一一九　參注一一七之文，at p. 1348.

注一二〇　Tim D. Wermager, Union's Rights to Information vs. Confidentiality of Employer Trade Secrets: Accommodating, The Interests Through Procedural Burdens and Restricted Disclosure, *V.66,No. 5, Iowa Law Review*, 1981, at p.1335.

注一二一　Id., at p. 1347.

注一二二　小島康裕，企業の社會責任の法的性質，法學セミナー第十期，1975，頁八九。

注一二三　竹田稔，名譽プライバシー・企業秘密侵害保護の法律實務，ダイヤモンド社，1976，頁一八六。

注一二四　鈴田敦之，企業秘密の侵害事例——日本、外國，ジユリスト428號，1969年7月，頁五七。

文認爲此問題不僅涉及犯罪責任之歸屬，亦涉及新車之性能是否有害人體之安全，自不受訴訟程序之保護。

三、國家利益

爲國家利益，以達成一定之行政目的，應公開營業秘密，如日本之國民生活安定緊急措施法，石油需求適正化法，得要求公開有關石油之價格、供給之營業秘密（注一二五）。

四、獨占之資訊

對於構成獨占之企業，應公開原價目表，以防止企業同部調價之行動（注一二六）。

第三款　小　結

我國應如何在訴訟程序上保護營業秘密，茲就我國之規定並參考上開立法例，分點說明之：

一、審理程序

我國法院組織法第八六條規定「訴訟之辯論及裁判之宣示，應公開法庭行之。但有妨害國家安全、公共秩序或善良風俗之虞時，法院得決定不予公開」；同法第八八條規定「審判長於法庭之開閉及審理訴訟有指揮之權」；同法第八七條第一項規定「法院不公開時審判長應將不公開之理由宣示」；民事訴訟法第二一二條第五款、第四六九條第五款亦規定，辯論之公開，或不公開之理由應記載於言詞辯論筆錄，違反言詞辯論公開之規定，得作爲上訴第三審之理由；刑事訴訟法第四四條第一項第四款、第三七九條第三款亦規定，審判筆錄應記載未公開審理之理由，違反審判公開之規定，得作爲上訴第三審之理由。基上規定，可知審理是否公開？爲法院基於職權上訴訟指揮權之行使，但應記明筆錄，如應公開而未公開，得作爲上訴第三審之理由。因此，營業秘密之審理

注一二五　木元錦哉，注一一八之文，頁五四。
注一二六　同前注，頁五五。

是否公開，法院得依職權視具體情況決定，如公開審理，會產生前揭日本學者所稱導致產業秩序之混亂時，應認有違公共秩序，則不公開，但如該營業秘密有妨害人體健康，可能涉及犯罪之偵查，國家法益及公共利益者，則應爲公開審理，或有限度之洩漏有害公益之部分之營業秘密，以維持營業秘密之地位。

惟審理程序之公開與否，爲法院基於訴訟指揮權之行使，但應公開而未公開得作爲上訴第三審之理由，至於不應公開，法院竟予公開者，似無予當事人救濟之途徑。訴訟中並無針對審理程序是否公開，另作裁定，且在訴訟中所爲之裁定，除另有規定外，亦不得抗告（民事訴訟法第四八三條、刑事訴訟法第四〇四條），因此，法院如認爲應公開，可能因進行公開審理而使營業秘密消滅，所有人亦無救濟之道，而遭受不能回復之損害，本文認爲針對此問題，有二種解決之途徑：

（一）宜增設訴訟程序進行中營業秘密所有人有聲請進行秘密審理之權利，如法院裁定駁回者，並賦予所有人有抗告、再抗告之權利，排除現行民事訴訟法第四八三條及刑事訴訟法第四〇四條之適用，裁定未確定前不宜續行新訟，避免因進行公開審理，致營業秘密消滅。

（二）不變更原有條文，惟在法院內部行政規則上，宜增加在受理營業秘密之訴訟時，審理程序應不公開之規定，以保持營業秘密之地位。如因審理不公開，有所不當者，則依前開民、刑事訴訟法之規定，得依上訴第三審之程序救濟之。

綜合而言，（一）之方法，爲最根本解決之道，訴訟程序之問題依抗告、再抗告程序救濟之，與民刑事訴訟法規之體系相符，（二）之方法爲法院內部之行政規則，如有違反，爲公務員之行政責任，而當事人仍無救濟之道。

二、訴訟紀錄部分

「當事人得向法院書記官請求閱覽、抄錄或攝影卷內之文書，或預

納費用請求付與繕本、影本、節本。第三人經當事人同意或釋明有法律上之利害關係，經法院長官許可，亦得爲前項之請求，民事訴訟法第二四二條定有明文；刑事辯護人於審判中得檢閱卷宗及證物，並得抄錄或攝影，刑事訴訟法第三三條規定。我國不採訴訟紀錄一般公開制度，僅將訴訟紀錄公開於當事人及辯護人，第三人抄錄卷宗，須經當事人同意「或」法院許可，爲有限度之公開。惟本文認爲訴訟紀錄之公開關係到營業秘密之消滅與否，因此在實務上應以當事人之同意爲必要，蓋以當事人始能眞正瞭解訴訟紀錄之公開，對其產生之影響，因此我國之規定，不若德國以當事人同意「且」經法院許可之規定爲適宜。因此，法院在實務運作時，有關民事訴訟紀錄之閱覽，應以當事人同意爲宜。

再者，有關準備程序筆錄、言詞辯論筆錄及審判筆錄之記載，對於營業秘密宜仿美國之作法以代號代替之，如對於某資訊是否構成營業秘密有疑問時，應避免記載全部之營業秘密內容，僅對有爭執之部分紀錄卽可。而判決書之記載，亦應作相同之處理，避免當事人受到二次傷害。

三、在庭者之保密義務

關於在庭者之當事人、代理人、輔佐人、證人、鑑定人之保密義務，法律似無明文規定，本文認爲應仿德、美之規定依法令對於在庭之訴訟關係人課予明確之保密義務，如有違反者，應認係觸犯刑法第三一七條違反依法令之保密義務無故洩漏工商秘密罪，至於律師、辯護人，則得依刑法第三一六條洩漏因業務知悉或持有之他人秘密罪規範之。

另外值得一提的是，由於營業秘密具有秘密性，在訴訟程序上，不易於舉證，且因長期維持秘密，致其存續期限無限，可能造成技術之隱匿，因此，在歐洲設有以歐洲全部地域爲管轄區域之專門技術寄託事務局，專門受理營業秘密之寄託，非經寄託人之請求，不得公開，以維持其秘密性。寄託之程序非常簡單，並不進行審查程序，在一定期間經過

後（如與專利權相同之獨占期間），寄託事務局之秘密保持義務卽解
除，設立寄託事務局之優點有（注一二七）：

（一）由於一定之寄託期間屆滿，卽公開營業秘密，不會造成營業
秘密永久維持秘密，致使技術隱匿。

（二）書面之寄託制度，對於營業秘密之內容，予以客觀且必要之
證明。專利法上先使用權之原則，屢因證明困難，而無法適用，而寄託
事務局之設立，卽可解決此一問題，同樣地，在證明盜用之事實，亦變
得比較容易。

（三）在營業秘密之授權及移轉時，如有寄託之事實，對於營業秘
密之內容及範圍，較爲明確，對於授權人較有保障。

但日本學者認爲此種寄託方法雖有優點，但仍有許多技術上之困
難，如技術性之專門技術，內容極爲複雜，如何以書面寄託，卽有事實
上之困難，且對於寄託之內容，如不加以規定，結果可能導致毫無秩
序之存放（注一二八）。惟本文認爲營業秘密寄託事務局確有其設立之必
要，蓋綜觀營業秘密之案例，每因所有人未能舉證其營業秘密之存在，
而遭受敗訴之判決，如能給予營業秘密所有人完整之保護，使其能放心
地授權或移轉營業秘密，才不會使有用之技術隱匿，且書面寄託制度所
產生技術上之困難，亦非不能克服。

第四節　善意第三人之保護

第一項　美　國

侵權行爲法整編及統一營業秘密法均有善意第三人保護之規定，茲

注一二七　染野義信、染野啟子，情報社會におけるノウ・ハウ規制の理論，
　　　　　ジュリスト 428號，1969年7月，頁四八。
注一二八　同前注，頁四九。

敍述如下：

第一款　侵權行為法整編

　　依據第七五八條規定（注一二九）：「自第三人知悉他人之營業秘密，而不知其為營業秘密，且不知該第三人之洩漏，乃違反其對於所有人之義務，或知悉他人之秘密係出於錯誤，而不知其為秘密或錯誤者，且未曾受領秘密性之通知，其（1）自受領該通知前，對於使用或洩漏他人之營業秘密不負責任；（2）自受領該通知後，對於使用或洩漏他人之營業秘密者，應負責任，但第三人基於善意已支付對價或已改變其地位，而顯失公平者，不在此限。」

　　但支出對價善意使用他人營業秘密之人，其抗辯在法院很難被接受。所謂對第三人為違反信賴關係之通知，並不需要真正之通知，只要通常注意能力之人，均會查詢是否有信賴關係存在。至少，營業秘密盜用告訴狀之送達，對於善意第三人即構成有效之通知。在 Altas Bradford Co. v. Tuboscope Co. 一案即為善意第三人之案例，事實為雇用人將營業秘密洩漏於即將離職之受雇用人，而後將該營業秘密取得專利權，一個月後，該離職之受雇人找到新工作，並將該營業秘密用於新雇用人之工作上，原雇用人乃以該受雇人及新雇用人為被告，請求核發禁止其使用該營業秘密之禁止命令，惟法院禁止該受雇人永久不得使用該營業秘密，但認為該新雇用人在營業秘密已取得專利權，而成為公開之資訊後，始習得該資訊，故為善意之第三人，而未禁止其使用該營業秘密（注一三〇）。惟本文認為本件新雇用人，在習得該營業秘密之前，未曾受領任何通知，依據侵權行為法整編之規定，應為善意，且營業秘密已取得專利權，得依專利法之規定保護之，自不得成為本件禁止命令之對象。

注一二九　Melvin F. Jager, supra note 10, at p. 7-52.
注一三〇　Id., at p. 7-53.

第二款　統一營業秘密法

第二條 b 項注解中亦有提及善意第三人之保護，認爲對於善意第三人核發禁止命令，將造成重大且不利之影響者，而認爲核發禁止命令爲不合理，在不超過禁止命令之時間內，可核定合理之使用費代替禁止命令（注一三一）。

第三款　比較分析

一、侵權行爲法整編以第三人是否有受領秘密性之通知，及其是否已支付對價或改變其地位，以認定善意之意義，而統一營業秘密法則未規定。

二、二者均認爲對於善意之第三人不得核發禁止命令，惟統一營業秘密法以合理之使用費支付予所有人，以作爲其使用之對價，其規定似在於平衡所有人及善意第三人之利益，惟本文以爲以合理之使用費代替禁止命令，無異由法律強行擬制善意第三人得取得或使用該營業秘密，但需支付合理之使用費予所有人以作爲其取得或使用之對價，似認爲第三人亦得善意取得營業秘密，基此推論，其與下述日本善意取得之規定類似，惟美國係由善意第三人依據法律之規定直接將使用費交予所有人，而日本則由所有人依據不當得利或準無因管理之理論向不法行爲人請求其自善意第三人所取得之使用費，其理論基礎不同。

第二項　日　本

爲保護交易安全，日本新修正之不正競爭防止法乃有善意第三人保護之規定。因交易而取得營業秘密，於其取得之際，不知該營業秘密爲不法洩漏者，或不知該營業秘密爲經由不法手段取得、不法洩漏，其不知無重大過失，於其取得範圍內得使用或洩漏該營業秘密（第二條第一

注一三一　Philip Hablutzel, supra note 61, at p. AA-5.

項第五款），如善意第三人簽定授權契約三年，於其三年內，善意第三人仍得使用或洩漏該營業秘密。此爲保護善意第三人與所有人間利益衡量之問題，惟因交易而支付對價之善意第三人，其支付使用費，應支付予何人？學者之見解不一(注一三二)：

甲說：契約存在於善意取得人及不正行爲人之間，故使用費應支付於不正行爲人，再由所有人向不正行爲人，依不當得利請求返還或依侵權行爲之規定請求損害賠償。

乙說：由原所有人承繼原契約關係，善意第三人應向所有人支付使用費。

丙說：採甲說，無異承認不法狀態之繼續，且不當得利或損害賠償之範圍，亦難以計算，但依據乙說承繼契約關係，在法理上亦極爲薄弱，不如適用準無因管理之規定，由所有人取得全部之使用費。

第三項　小　結

有關善意第三人保護，在我國民事法體系中設有許多規定，如民法第八〇一條、第九四八條爲動產善意取得之規定、民法第一〇七條規定代理權之限制及撤回，不得以之對抗善意之第三人，爲無權代理制度中保護善意第三人之規定。考其立法目的，均在於確保交易安全與便利。蓋以現代資本主義社會，是商品交易之社會，任何社會或法律制度，均在於確保交易之安全與便利，商品之交易，是如此之頻繁與重要，如在交易中必責商品受讓人負擔無權處分之危險，受讓人勢必輾轉調查讓與人處分權限之有無，此不僅增加交易之勞費，且必拖延交易之時間，更有害於交易安全。惟私有財產權之尊重，亦爲近代法制之一大職志，而善意第三人之保護，卻可能犧牲眞正所有人之權利，故如何調整善意第

注一三二　參謙田薰，注八五之文，頁三六。

三人與原所有人之利益，以求其平衡，實爲善意第三人保護之重大問題（注一三三）。

營業秘密具有秘密性，而無公示性，亦未經登記，不如專利權、著作權，可踐行登記之公示程序，以證明其權利之存在，但營業秘密之存在，衡以占有之事實證明之，第三人不易察知眞正之權利人，就此點而論，類似於動產，因此在交易過程，第三人基於善意而取得營業秘密，其是否得主張基於善意使用或取得該營業秘密？茲分析如下：

第一款　無權處分

一、有償之無權處分

第三人基於善意支出對價取得他人無權處分之營業秘密，例如乙取得甲之營業秘密後，乙擅自以自己之名義將其讓售或授權予丙，丙基於善意支出對價而取得營業秘密，是否宜認丙得取得該營業秘密？茲分析如下：

（一）原所有人甲與善意受讓人丙間

丙基於善意支出對價，而使用營業秘密，如承認丙得在其取得之範圍內，可繼續使用該營業秘密，則可保護交易安全，促進交易之流暢，甲亦可依不當得利或準無因管理之規定，向乙請求返還其所受之利益，甲、丙均無損失；反之，如認爲丙不得使用該營業秘密，以維護所有人之利益，丙只能依契約向乙請求債務不履行之損害賠償，但卻嚴重有害於交易安全，因此本文認爲善意第三人保護，有明確規定之必要。

（二）原所有人甲與無權處分人乙之間

如認爲丙基於善意使用該營業秘密，甲於受損害之部分，可依下列之權利擇一行使：

1. 乙如爲正當取得人，違反依法或依約定之保密義務者，甲得

注一三三　參謝在全，民法物權論上冊，著者發行，七十八年十二月初版，頁二六五。

依刑法第三一七條之規定提起告訴或自訴。

　　2. 乙如爲事業以不正當方法取得營業秘密，甲得依公平交易法第十九條第五款、第三○條、第三一條、第三二條、第三六條之規定，請求民事救濟及刑事救濟。

　　3. 乙如無上開不法行爲，乙因有償處分，而受有利益，至甲受有營業秘密價值減損之損害，兩者間具有因果關係，且無法律上之原因，構成不當得利，甲得依不當得利之規定，向乙請求返還乙所受之利益，如乙所受之對價，超過該營業秘密實際交易之價格時，如原市價爲五萬元，而無權處分人乙售得八萬元，該超過之三萬元，依不當得利之理論，利益大於損害時，應以損害額爲標準，返還其所受之利益，以免原所有人反而獲得不當得利，如甲只能請求五萬元，則反而使乙保有不法利益顯然不公，因此，在動產無權處分之情形，依學者之通說認爲可類推適用民法第一七七條準無因管理之規定，請求返還該三萬元。關於此點，本文認爲，營業秘密之價值本來就難以評估，如將一個利益返還請求權分割爲兩個請求權基礎，在適用上會產生許多困難，因此在有償無權處分時，宜認爲原所有人甲得類推適用準無因管理之規定，向無權處分人乙請求返還其所取得之全部對價，以免無權處分人仍保有不法利益之結果。

　　（三）無權處分人乙與善意受讓人丙之間

　　乙、丙乃依其所處分之法律關係，定其權利義務關係，受讓人不得藉口善意而拒絕負擔因該法律關係所生之義務。

　　綜上分析，第三人基於善意有償取得他人無權處分之營業秘密，宜認爲第三人於取得之範圍內得使用或洩漏之，以保護交易安全，且無權處分人、原所有人及善意受讓人之間之利益，亦獲得平衡。

　　二、無償之無權處分

　　第三人基於善意無償受讓他人無權處分之營業秘密時，例如乙取得

甲之營業秘密，將其無償贈與丙，丙是否能主張基於善意，使用或取得該營業秘密呢？茲分析如下：

（一）原所有人甲與無權處分人乙之間

　　1. 乙如有刑法第三一七條、第三一八條及公平交易法第十九條第五款之事由可依各該規定救濟，已如前述。

　　2. 乙如無上開行為，然因其無償之無權處分未取得對價，故未受有利益，故甲不得依不當得利之規定向其請求返還；且乙所為無償處分，並無所得，亦無從依準無因管理之規定請求。

（二）原所有人甲與善意受讓人丙之間

　　丙基於善意未給付對價而無償受讓甲之營業秘密，且乙無上開之不法行為，而不負賠償責任時，如認丙得取得該營業秘密，則甲受有損害，而無法求償，顯失公平。在動產無償無權處分之情形，為顧及所有人之利益，學者認為應使善意之無償受讓人類推適用或適用民法第一八三條之規定，於無權處分人所免返還義務之限度內，負返還責任為宜（注一三四）。此乃基於不當得利之原則而來，蓋不當得利乃就當事人間財產之變動，依衡平法則加以調整在無償取得時，如使善意受讓人，仍得取得所有權，而犧牲所有人之所有權，來保護無償受讓人，則受損害人之受損與善意受益人間之受益，不能求其平衡，顯失公平，故此際宜認受讓人無保護之必要（注一三五）。基上推論，似認為善意之無償受讓人與所有人間利益權衡之下，並無保護之必要，準此，在營業秘密為他

　　注一三四　學者王澤鑑認為本件之情形，與民法第一八三條之規定並不相同，但基於以下二個相同之利益狀態：1.原權利人有保護之必要2.受讓人同屬於無償取得利益，故應「類推適用」於民法第一八三條之規定，以上引自王澤鑑，不當得利，債篇總論第二冊，著者發行，七十九年四月，頁一四四；學者孫森焱則認為無償之無權處分之情形，係「適用」民法第一八三條，善意之受讓人於無權處分人免返還義務之限度內負返還責任，以上引自孫森焱，民法債篇總論，著者發行，七十四年二月第五版，頁一一五。

　　注一三五　謝在全，注一三三之文，頁二七一。

人無償無權處分之情形，無權處分人如無營業秘密之侵害行爲，而無償之善意受讓人，亦未給付代價，如認爲得主張基於善意使用者，而所有人受有損害卻無法求償，顯失公平，爲平衡善意受讓人與原所有人間之利益，應認爲善意受讓人似無保護之必要。

第二款　無權代理

無權代理人以他人之代理人之名義所爲之法律行爲，對於善意之相對人負損害賠償責任，民法第一一〇條定有明文。

由自己之行爲以代理權授與他人或知他人表示爲其代理人，而不爲反對之表示者，對於第三人應負授權人責任。但第三人明知其無代理權或可得而知者，不在此限，民法第一六九條定有明文。

無權代理及表見代理之情形，在民法已有善意第三人之保護，得逕行適用之，似無另行規定之必要。

綜合美、日之規定而言，美國係規定善意第三人不得爲禁止命令之對象，依統一營業秘密法第三條，則須給付合理之使用費代替禁止命令，似認爲善意第三人仍須給付使用費，始受保護。而侵權行爲法整編第七五八條規定，以善意第三人，未曾受領通知、已支付對價，或改變其地位，始被認定爲善意第三人；至於日本，則規定因交易取得營業秘密之際，無故意或重大過失，於其取得之範圍內得使用或洩漏該營業秘密（不正競爭防止法第二條第五款），其規定似未區分第三人係基於有償或無償取得，而以第三人之主觀要件爲衡量，著重於交易安全之保護，其規定較寬鬆，因此第三人無重大過失而取得營業秘密，亦受保護。

美國之規定，以善意第三人不得成爲禁止命令之對象，而我國之不作爲請求權，以行爲人有主觀之惡性爲必要，其制度與我國較不相同，但基本上，仍認爲善意第三人已支付對價始受保護，而日本之規定，只要第三人無重大過失，不分基於有償取得或無償取得，均受保護，比較著重於交易安全之保護，本文則認爲基於平衡所有人及善意第三人利

益，宜認第三人爲善意且給付對價者，始得於其取得之範圍內使用或洩漏之，至於無償之善意受讓人似無保護之必要。

第四章　雇傭關係與營業秘密之保護

第一節　概　　說

在買賣、承攬、授權、雇傭關係中，均可能發生營業秘密之洩漏，但其最大之威脅，莫過於來自雇傭關係中現職人員及退職人員之洩漏（注一）。因此，雇用人常以契約保護於雇用關係所生之洩漏，本章卽以雇傭關係中之秘密保持契約及競業禁止契約爲中心，參考外國實務之見解，討論之。

在談及契約之前，首應釐清所有人之營業秘密，與受雇人所屬之一般知識、經驗、技能，蓋以雇用人不能禁止受雇人使用在其雇用期間中所取得之一般知識、經驗、技能（注二）。次再論述秘密保持契約及競業禁止契約及其他具有競業禁止效力之約款是否有違公序良俗或有違憲法所保障之工作權、生存權而無效等問題。

第二節　營業秘密與受雇人之一般知識、經驗、技能

受雇人在雇傭期間中所習得之一般知識、經驗、技能，爲其多年累

注　一　參富川勳，企業秘密の保護と取締役・從業員の獨立、轉職の自由，NBL 408 號，頁十二。
注　二　Ame'de'e E. Turner, *The Law of Trade Secrets*, London Sweet & Maxwell Limited, 1965, at p. 161.

積之結果，成爲其人格之一部分，並非營業秘密（注三）。茲參考美國之判例，歸納幾種區分方法如下：

一、區分資訊爲一般性或特殊性

營業秘密爲一種雇用人所有之特殊商業秘密，與一般之商業秘密有所不同，該特殊之商業秘密，得禁止受雇人使用，此種區分方法確立於 Sarkes Tarzian Inc. v. Audio Devices Inc. 一案，在該案之判決中認爲，在特殊之商業經營上爲長期雇傭關係中發展而得者爲雇用人之營業秘密（注四）。

二、視所有人在雇傭期間中是否禁止受雇人使用

在 California Intelligence Bureau v. Cunningham 一案中，法官認爲所有人有禁止受雇人使用其在雇傭關係中所取得之機密性知識者爲營業秘密，反之，如雇用人未禁止受雇人使用，則非營業秘密（注五）。此外日本學者亦認爲將資訊列爲機密性管理爲營業秘密之要件，乃藉以與一般之知識、經驗相區別（注六）。

三、視受雇人之能力，是否有足夠之經驗、智慧自行發展該營業秘密？

法院需要瞭解受雇人是否有足够之經驗、智慧，以發展其認爲爲其自己之知識、經驗。在 Levine v. E. A. Johnson & Co. 一案，法院認

注　三　參松本重敏，實務からみた營業秘密保護立法の意義と問題點，ジュリスト 962號，1990年9月，頁五九。

注　四　Sarkes Tarzian Inc. v. Audio Devices Inc., 119 U.S.P.Q. 20 〔166 F. Supp. 250〕(D. C. Cal. 1958, Yankwich Ch. J) 一案，引自 Ame'de'e E. Turner, supra note 2, at p. 162.

注　五　California Intelligence Bureau v. Cunningham, 76 U.S.P.Q. 234 〔Cal. Dist. Ct. App. 1948, Vallee. J.〕一案，引自 Id., at p. 163.

注　六　橫田俊之、熊谷健一、廣實郁郎、中村稔，改正不正競爭防止法における營業秘密の法的救濟制度について，ジュリスト962號，1990年9月，頁二六。

爲雖然證據顯示該資訊非常複雜且困難，需經許多有能力之工程師之長期嘗試及錯誤始能取得，但受雇人擁有豐富之知識、經驗，其有足夠之能力發展該資訊，而駁回原告禁止命令之聲請。因此，愈有能力之受雇人，其一般之知識、經驗、技能愈高（注七）。又如在 Junker v. Plummer 一案，法官認爲受雇人在受雇於原告之前，並不曾獲得與原告相同營業秘密之有關之知識、經驗、技能，自不得在離職後主張該營業秘密爲其自己之技能、經驗，而複製含有原告所有營業秘密之機器。在Fairchild Engine & Airplane Corp. v. Cox. 一案中，被告在原告公司係擔任經理人及董事，管理程式之發展與授權，雖然其畢業於耶魯，但其非工程師，他不會發展該知識，故該程式非其一般之知識、經驗（注八）。

　　本文以爲，區分所有人之營業秘密與一般之知識、經驗、技能，仍應就資訊本身之性質、受雇人之能力，雇用人是否以秘密性管理等因素，依據個案綜合予以判斷。

　　此外，最具有爭議的營業秘密爲顧客名册，亦卽受雇人與顧客間之交情，是否成爲受雇人之一般之知識、經驗？美國之實務上認爲雇用人如將該資訊視爲營業秘密，而受雇人以與記憶中之顧客交易者，則該記憶爲其一般之知識、經驗；如受雇人以書面記載該顧客名册，則爲盜用營業秘密，係認爲法律不能消除一個人之記憶，故不能禁止受雇人與前雇用人之顧客從事交易。在 T. P. Laboratories, Inc. v. Huge 一案，法官卽認爲原告不能證明被告以書面或以記憶取得該顧客名册，而認定無營業秘密存在，且其判決中提及，不能排除受雇人與其以記憶中之顧客從事交易。依據此原則，似認爲受雇人與顧客熟悉後，卽成爲其

注　七　Levine v. E. A. Johnson & Co., 1951, 107 Cal. App. 2d 322; Junker v. Plummer, 70 U. S. P. Q. 332 (Mass. Sup. Jud. Ct. 1946, Spalding J.). 引自 Ame'de'e E. Turner, supra note 2, at p. 164, 168.

注　八　Fairchild Engine & Airplane Corp. v. Cox. 62 U. S. P. Q. 98 (N. Y. Sup. Ct. 1944, Collins. J.) 引自 Id., at p. 165.

額外之收入，不能禁止其使用（注九）。

上開美國實務見解，似依據受僱人所使用之方法爲記憶或書面方式以區分營業秘密與一般之知識、經驗。惟本文以爲受僱人所使用之手段，不會影響該資訊之性質，應以所有人是否將該顧客名冊作爲秘密加以管理爲要件。質言之，所有人如與受僱人簽訂競業禁止契約或秘密保持契約，且該顧客名冊爲不易於取得，經僱用人花費相當之努力始取得者，該顧客名冊即爲營業秘密。唯有所有人本身之意思及行爲，才能影響該資訊之性質。因此，離職受僱人記憶中事實，並不能證明即爲自己之知識。例如在 Technological Trade Secrets A. H. Emery Co. v. Marcan Products Co. 一案中，前離職之受僱人以記憶草擬了自原告抄襲而來之藍圖，法院即認爲此種以記憶方式取得原告之藍圖，係信賴關係之違反，猶如複製及侵占之手段一樣（注十），仍侵害前僱用人之營業秘密。

第三節　秘密保持契約

第一項　秘密保持契約之法律依據

受僱人在職中及離職後之秘密保持契約之法律依據並不相同，茲分述之:

第一款　在職中

基於明示契約或默示之善良管理人注意義務〔美國學者稱忠誠義務 (the duty of fidelity)〕，未經所有人同意，當然不得洩漏公司之

注　九　David Bender, Appropriation by Memory, 輯錄於 Roger M. Milgrim, *Milgrim on Trade Secrets, Vol. 2*, Matthew Bender & Company, 1983, Appendix I at p. I1-I4.; Id., at p. 171.

注　十　Id., at p. I1.

營業秘密，致有害於公司利益（注十一）。日本學者則認為雇傭契約之附隨義務，為不得不當侵害雇主之利益，如違反秘密保持義務，即為忠實義務之違反，得為免職之事由（注十二），日本之實務亦採此見解（注十三）。德國亦認為守秘義務為雇用人在職中之忠實義務之一（注十四）。我國學者亦認為雇傭契約上之義務，除屬於契約內容之給付義務，尚有依誠實信用原則發展出之附隨義務，亦即在契約之履行過程中為促進給付義務之圓滿實現，或為維護相對人之利益，而依誠實信用原則課契約當事人以注意、照顧、協力之義務。受雇人在雇傭關係存續中之保密義務，即屬於此所稱之附隨義務之範圍。是以當事人無約定保密義務之情形，受雇人依誠信原則仍負有保密義務，此觀之勞動基準法第十二條第一項第五款規定，故意洩漏雇主技術上、營業上之秘密，致雇主受損害者，雇主得不經預告終止契約，可知立法者亦認為保密義務為受雇人之契約義務（注十五）。

第二款　離職後

　　日本學者認為雇傭關係終了後，原則上權利義務關係，即已終了，但基於當事人信賴關係，在一定範圍內仍負有保密義務，惟以保護所有人之正當利益為限（注十六）。

注十一　Garry Bastin, Protection of Property in Confidential Information by Employers, *V. 134, No. 11, Solicitors Journal*, March 1990, at p. 308.

注十二　富川勳，注一之文，頁十五。

注十三　和田肇，勞動市場の流動化と勞動者の守秘義務，ジュリスト 962 號，1990年9月，頁五四。

注十四　史尚寬，勞動法原論，史吳仲芳、史光華，七十六年臺北重版，頁二六。

注十五　謝銘洋，營業秘密侵害之類型觀察與責任分析，資訊法務透析，八十一年八月，頁四五。

注十六　盛岡一夫，企業秘密の保護，法律のひろば40卷11號，1987年11月，頁四五；我妻榮，債篇各論，岩波書店，1963年第12刷，頁五九五.亦採此見解。

　　但亦有日本學者認爲離職後之秘密保持義務宜明確約定（注十七）。

　　美國學者則認爲，離職後基於默示之忠誠義務，受雇人應負有保密義務（注十八）。

　　我國學者有認爲離職後之保密義務，得於契約中約定，此種約定由於不涉及營業競爭限制之問題，應爲有效，如未約定，爲維護契約履行後之效果並保障相對人之正當利益，學說上基於誠信原則亦肯認受雇人於離職後，仍有保守雇主營業秘密之「後契約義務」（注十九）。

　　本文以爲秘密保持契約，不論在職中或離職後，原屬於其默示誠信義務之一，但仍應明確約定爲宜，俾受雇人能明瞭守密義務之範圍，且可藉此評量所有人是否已盡合理之努力維持營業秘密之秘密性。

第二項　秘密保持契約

　　秘密保持契約是否因違反公序良俗條款（民法第七二條）或違反憲法上所保障之工作權、生存權之強制規定（民法第七一條）而無效？本文參照外國之見解，認爲應考量以下之因素：

第一款　就受雇人之地位而言

　　凡是有機會接近營業秘密之受雇人，均應在限制之列，不論是經常性接觸或偶然、或意外得悉，均屬之（注二〇）。

第二款　有可受保護之營業秘密存在

　　以應受保護之營業秘密爲限，如果廣泛至受雇人在雇用期間中所習得之一般知識、經驗，則因範圍過於廣泛，逾越雇用人合法保護之利

注十七　和田肇，注十三之文，頁五五。
注十八　Garry Bastin, supra note 11, at p. 308.
注十九　謝銘洋，注十五之文，頁四七。
注二十　Garry Bastin, supra note 11, at p. 308.

益，且有限制貿易之嫌，而無效（注二一）。

第三款　就限制之合理性而言

關於此點，學者則有不同見解

甲說：秘密保持契約不分時間、地域之限制均有效（注二二）。但如營
　　　業秘密消滅，則無保護之必要（注二三）。

乙說：離職後之秘密保持契約，不得不當限制受雇人職業選擇之自由，
　　　應就限制之時間、地域、職業範圍之合理性等各項因素，綜合判
　　　斷（注二四）。

本文認爲，營業秘密不論在國內或國外，只要一經公開卽消滅，故
秘密保持契約，不應有地域、職業種類之限制。惟有關時間之限制，不
管在職中或離職後，均負有此義務，但如營業秘密已消滅，則營業秘密
已成爲公開之資訊，受雇人自不得再受禁止洩漏秘密之拘束，因此秘密
保持契約，應以營業秘密之消滅爲解除條件。

第四款　代償之給付

日本學者認爲代償之給付，爲退職後守密約定有效與否之要件。
但在日本實務上，卻非如此，多數判例仍認爲未給付代償之契約有效
（注二五）。

本文認爲秘密保持義務，不論在職中或離職後，基於誠信原則，本
爲受雇人之忠誠義務，似無給付代償之必要，且代償給付之本質原在於
保障受雇人之生存權，而秘密保持契約，以雇用人之營業秘密爲禁止洩
漏之內容，應無虞害及其生存權，故無給付代償之必要。

注二一　Ronald B. Coolley, Employment Agreement Provisions: Defini-
　　　　tions, Duties, Covenants Not to Compete, Assignment After
　　　　Termination and Severability, *V. 14, No. 1, AIPLA Quarterly
　　　　Journal*, 1986, at p. 23.
注二二　Ibid.
注二三　Id., at p. 28.
注二四　和田肇，注十三之文，頁五六。
注二五　同前注。

秘密保持契約，是否生效，應綜合上述各項因素，依具體之個案判斷。本文認爲秘密保持契約應注意：一、須有可受保護之營業秘密存在；二、就受雇人而言，應係有機會接觸該營業秘密之受雇人；三、就限制之範圍，因營業秘密一經公開卽消滅，不應有地域、時間、活動範圍之限制，但應以營業秘密消滅爲契約之解除條件。

除上述之外，應注意的尚有，所有人應以書面通知受雇人特定之資訊爲營業秘密，如其離職時，宜明示約定其秘密保持義務。如其至新公司上班，所有人應以書面通知該公司有關該受雇人之秘密保持義務，避免該公司惡意使用所有人之營業秘密後，而以善意第三人爲抗辯（注二六）。

第四節　競業禁止契約

競業禁止契約，目的在於限制受雇人使用所有人之營業秘密，防止其洩漏。我國對於競業禁止契約是否違反公序良俗條款（民法第七二條）或違反憲法上所保障之工作權、生存權之強制規定（民法第七一條）而無效？我國尚無一致之見解，實務上則有不同見解之四則判決，茲摘錄如下：

判決一：臺北地方法院士林分院八十年度訴字第四二一號民事判決「雇用人得否依契約之方式限制受雇人離職後之就業種類？此涉及營業秘密之保護與工作權之保障何者重要之問題。營業秘密苟不加以保護，將影響企業研究發展之興趣，有礙科技之進步，但營業秘密之保護並非漫無限制，宜有適當之範圍。本件契約規定之禁止期間爲二年，且限制之範圍係從事相同或類似之行業，對於『相同或類似之行業』以外之工作並無限制，對於被告之工作權雖有限制，但尚未達生存之程度，而二

注二六　Andrew, F. Sayko Jr., New and Terminating Employees, *V. 14, No. 1, AIPLA Quarterly Journal*, 1986, at p. 55.

年之限制，亦未過當。原告爲競業禁止約定，雖未予被告特別之補償，但對價並非契約之效力要件，聘用合約書之約定仍然有效，惟法院於審酌違約金時，得將其列爲考慮因素」。

判決二：最高法院八十年度臺上字第九八九號判決「上訴人謝華成自七十五年五月十三日起任職於伊公司技術資訊組，與伊簽立聘用合約書，約定上訴人離職後二年內不得從事與伊公司營業項目相同或類似之行業，否則應賠償伊相當於離職當月份薪津二十四倍之金額。但上訴人於七十九年三月三十一日離職後，立即轉往由伊公司離職人員組成，生產與伊公司產品雷同之產品與伊公司立於業務相競爭之宏益科技股份有限公司服務，違背所約定不競業約束之義務，因而請求上訴人賠償伊一百十萬六千四百元並加給法定利息。最高法院八十一年五月十五日判決維持臺灣高等法院所爲上訴人敗訴判決之意見認爲：兩造簽定之聘用合約書，僅限制上訴人於離職後二年內不得從事與被上訴人營業項目相同或類似之行業，並非所有之行業，自難謂剝奪上訴人之工作權及生存權，或違反國家社會之一般利益或一般道德觀念，應無違背公共秩序或善良風俗可言。而該競業禁止之約定，其目的除保護營業秘密之外，亦在於防止員工任意跳槽至競爭性公司，造成被上訴人之不利益或傷害，難謂其保護之客體不存在。再兩造係約定上訴人不得『從事』與被上訴人營業項目相同或類似之行業，並非約定不得『直接經營』，故凡上訴人所從事之工作，與被上訴人之營業項目相同或類似，均在禁止之列，至上訴人係直接經營或受雇他人，皆非所問。並進而表示憲法第十五條規定『人民之生存權、工作權及財產權應予保障』主要乃宣示國家對於人民應有之保障，且人民之工作權亦非不得限制之絕對權利，此觀憲法第二三條之規定自明。被上訴人爲防止其離職員工洩漏其智慧財產權、營業秘密等，並防止惡性之同業競爭，乃於其員工進入公司任職之初，與之簽定聘用合約書，約定離職後二年內不得從事與被上訴人營業項目

相同或類似之行業，否則給付一定之違約金。該競業禁止之約定，僅有二年之適用期限，且出於任職員工之同意而定，卽與憲法保障人民之工作權之精神不相違背，亦不違反其他強制規定，且與公共秩序、善良風俗無關」。

判決三： 臺北地方法院八十年度勞訴字第三〇號判決「 兩造約定『乙方（卽被告）於離職後兩年內不得從事與甲方（卽原告）營業項目相同或類似之行業，否則經甲方察覺，乙方得賠償甲方』，有聘用合約書可稽， 該約定旣未禁止被告受雇於其他相同或類似行業， 所謂不得『從事』相同或類似行業，應係指不得自行經營相同或類似之行業」，「被告係以電腦軟體之操作爲謀生技能，如禁止其於兩年間在相關行業就業，原告又未給與相當之補償，此項約定無異剝奪被告生存之權利，應屬違背公序良俗，亦不能認爲有效」。

判決四：臺灣高等法院八十年度二〇三號判決「按自由不得拋棄，自由之限制，以不背於公序良俗爲限，民法第十七條著有明文。查雇用人與受雇人間約定，受雇人於解雇後，於一定期間，不爲與雇主所經營同種事業，固非當然無效，但如對營業之時間、地域及種類三者，一併加以限制，則因限制自由過甚而無效，此爲通說，德國聯邦法院亦爲同一見解。本件兩造所立之切結書第二、三項係就被上訴人離職後之競業禁止約定，依切結書記載，被上訴人不得將其任職於上訴人公司所得之製造技術洩漏於第三人，亦不得將該技術應用於彈波製造上，其約定並無期間之限制，應認係被上訴人終生不得爲之，且亦無限制競業之地域記載，應解爲我國全部地域或甚至包括國外，對營業種類則僅言不得應用該技術於彈波製造上，而彈波種類包括何種產品，亦未有範圍之約定，自應解爲全部有關彈波產品， 綜上述， 系爭切結書之『競業禁止』約定，顯屬過甚，與公共秩序、善良風俗有違，依民法第七二條規定應認爲無效」。

判決一、二，已注意及營業秘密之保護及工作權之保障間之關係，為保護營業秘密，鼓勵企業從事發明，以限制是否合理，作為評量標準。

判決三，則以尊重勞工生存權為考量之前提，以未為補償金之給付，認為該競業禁止契約違背公序良俗而無效。

判決四，則以限制受雇人之自由過於廣泛，而認為競業禁止契約有違公序良俗而無效。

四則判決基於不同之觀點，評估競業禁止契約之效力，本文擬參考外國之見解討論之。

第一項　競業禁止契約之法律依據

第一款　在職中

依據民事法規，經理人、代辦商、董事，均負有競業禁止義務（民法第五六二條、公司法第三二條、同法第二〇九條第一項），至於一般之職員，則無明文規定，日本學者認為依誠信原則，解釋上亦應負有競業禁止義務（注二七）。而美國實務上，則傾向於比較不願意禁止一般受雇人，利用其工作閑暇時兼職，除非其兼職會傷害雇用人之利益（注二八）。至於德國亦認為受雇人對於所受任之勞務，應向雇用人報告，以求業務之進行，不得收受賄賂或其他情事有與業務以不利益情事之忠實義務，因此，受雇人非得雇用人同意，不得參加可與雇用人為競業之營業（注二九）。我國學者認為一般員工在雇傭關係存續中，依誠信原則負有促使契約目的圓滿達成及不損害他方當事人之協力及保護等附隨義務，是以通說亦認為受雇人在契約關係存續中不得為競業行為，否則即

注二七　盛崗一夫，注十六之文，頁四四。

注二八　Garry Bastin, supra note 11, at p. 307.

注二九　史尚寬，注十四之文，頁二六～二七。

違反受雇人之附隨義務（注三○）。

第二款　離職後

日本學者認離職後，誠信原則仍存在，惟不得不當妨礙勞工之經濟性及社會性活動，因此,應就合理之範圍，在雇傭契約中約定（注三一）。日本之實務上，亦認為離職後之競業禁止義務，須明示約定（注三二）。德國則認為離職後之競營禁止契約，應以書面為之，無書面者，因欠缺法律所規定之方式而無效（注三三）。

至於美國學者對於離職後之競業約定是否有效？仍有以下之爭議：

一、無效說

此說認為離職後競業禁止契約無效，因其可能造成以下之情形（注三四）：

（一）限制貿易原則（違反競爭）

限制受雇人到其他公司就職，無異雇用人在獨占勞工市場，一旦受雇人受到雇用人之拘束，就無法跳槽到高薪之職位，甚至無法要求加薪，基此，雇主已自市場中除去潛在性之競業者，違反自由競爭。

（二）受雇人保護原則（有害受雇人生計）

受雇人在雇傭契約中，居於弱勢之一方，在簽約之前，並無足夠之能力以保護自己，競業禁止契約，恐有危害受雇人生計之虞。

（三）社會損失原則（喪失個人生產力）

在競業禁止契約下，受雇人不能到競業公司尋求更高薪之工作，或

注三○　謝銘洋，注十五之文，頁四八。

注三一　我妻榮，注十六之文，頁五九五。

注三二　和田肇，注十三之文，頁五三。

注三三　後藤清，轉職の自由と企業秘密の防衛，有斐閣，1963年11月初版，頁二○六。

注三四　Maurreen B. Callahan, Post-employment Restraint Agreements: A Reassessment, *V. 52, No. 3, The University of Chicago Law Review*, Sum' 1985, at pp. 712-724.

於離職後，僅受領代償金，不從事生產，可能導致生產人口減少，成為社會損失。

二、有效說

此說認為只要符合合理性原則，無效說所假設之事實，並不存在，競業禁止契約仍有效，其理由如下（注三五）：

（一）增加競爭力

1. 競業禁止契約，可以減少雇用人之營業秘密被複製及散布之機會，使雇用人保有市場之競爭力。如競爭性係由模倣而來，營業秘密無限制之流通，使得模倣者不需花費任何成本，即可獲益，致發明人毫無所獲時，則無人願意再從事發明，沒多久，市場更無競爭力。

2. 競業禁止契約，僅限於保護有價值之營業秘密，並不妨礙競爭者生產，甚至可能因營業秘密而減少生產成本，減低其價格，而增加市場上之競爭。

3. 競業公司願意付更高之薪水，以爭取有能力之受雇人時，雇用人可能會為爭取有能力之受雇人而競爭，焉有可能獨占勞工市場？

4. 競業禁止契約，可保障雇用人花費在受雇人身上之訓練費用之投資，增加雇用人投資人才培訓之意願，以激發發明力。

（二）無害於受雇人生計

通常受保護之資訊，為有價值之營業秘密，而有機會接觸該資訊之受雇人，通常是比較有能力且世故的，他有許多更換工作之機會，競業禁止契約並不會有害於生計，且如其不同意，可以不簽約。且大部分之契約，均基於不平等之協商能力所完成，但法院不因此認為該契約無效。

（三）無害社會公益

注三五　Ibid.

　　缺少勞動人口之事實，可能發生於十七世紀，在今日人口爆炸之時代，不會發生人口不足的情形，且有能力之人才，可經由培訓而得。

　　我國學者則認爲離職後之競業禁止涉及原雇主之經濟利益及受雇人生存上、工作上之利益衝突，就此衝突之解決，應兼顧雙方之利益，妥爲處理，爲避免原雇主濫用其經濟上之優勢地位對受雇人之基本權利，造成不當之限制，應對雇主之契約自由加以限制，因此，若當事人間限制離職後爲競業禁止之約定，倘未超過原雇主維護其正當營業利益之必要程度，應爲有效（注三六）。

　　本文認爲離職後競業禁止之約定有存在之必要，尤其在保護營業秘密之洩漏，以促進企業主有興趣投資於高科技之發展，有其功能，但應對其賦予適當之限制，以兼顧雇用人之正當經濟利益及憲法上所賦予受雇人之生存權、工作權之保障。競業禁止契約，是否有違公序良俗或憲法上所保障之工作權，應依受雇人職位之高低及有無接觸營業秘密之機會，爲不同之認定。對於時常接觸營業秘密之高級職員，如董事、經理人，在職中自應負有競業禁止義務，已於法文中明文規定，惟退職後，爲避免其利用在職中所習得之營業秘密而損害於原雇用人，宜明示約定或由法律規定，以明瞭其限制之範圍；而有機會接觸營業秘密之一般職員或研究開發部門之職員，爲保護雇用人之營業秘密，不論在職中或離職後，仍應明示約定其競業禁止之範圍，以免產生爭議，惟離職後之競業禁止應有合理之限制，俾免害及其生計；至於無機會接觸營業秘密之一般職員，通常爲薪資比較低之受薪階級，爲保障其憲法上之工作權，不論在職或離職後均應無此義務，亦不得以契約限制之。

第二項　競業禁止契約

注三六　謝銘洋，注十五之文，頁四八～四九。

　　一般而言，在外國立法例及實務之見解，在考量競業禁止契約是否有違公序良俗或生存權保障之情事，比較嚴格，應考慮以下之因素：

第一款　就受雇人之地位而言

　　受雇人對於業務中所接觸之資訊爲營業秘密，須有所認識（注三七），且限於可得知悉該營業秘密之受雇人，始得訂立競業禁止契約，日本學者甚至認爲對於一般受雇人之競業禁止契約無效（注三八）。

第二款　有可受保護之利益存在

　　受雇人於雇傭期間所習得之一般知識、經驗、技能，爲其主觀之財產，得自由利用。至於企業花費相當期間，所開發之營業秘密，如顧客之信用狀況資料爲企業之重要財產，以此禁止受雇人使用之競業禁止契約爲有效（注三九）。 因此， 競業禁止契約須有可受保護之利益存在，如瑞士民法第三四〇條規定，雇用人未能證明有值得保護之利益存在，該競業禁止契約無效；德國商法第七四條亦規定競業禁止契約限於保護雇用人營業上之正當利益（注四〇）。

　　美國伊利諾州中區地方法院最近之判決指出，客戶對雇主有相當之利益存在，因雇主花了許多年才建立起他的客戶基礎，受雇人離開公司後就不該與原來之客戶建立生意上之關係，換言之，與客戶接觸本身就是一個應該保護之利益（注四一）。

第三款　就限制之合理性而言

　　限制是否合理， 應綜合一、 限制之時間； 二、 限制地域之範圍；三、限制職業種類及活動之範圍等各項因素判斷。

注三七　富川勳，注一之文，頁十七。
注三八　盛崗一夫，注十六之文，頁四七。
注三九　同前注，頁四六。
注四〇　張凱娜，公司可以禁止員工跳槽嗎？——談離職員工競業禁止問題，
　　　　資訊與電腦，七十九年五月，頁八五。
注四一　張凱娜譯，資訊法務透析，八十一年五月，頁十二。

一、限制之時間

由於多數學者仍認爲在職中之競業禁止義務，爲其誠信原則，不需
另爲約定，因此，本處所談之時間，係指離職後所限制之時間。

美國學者認爲應考量保護雇用人合法利益之範圍內，不會危及受雇
人生存、家計之維持及公益，應以營業秘密尚存在之期間爲限制之時間
（注四二）；　亦有學者認爲不得超過合法手段複製該營業秘密之時 間 爲
其限制之期間（注四三）；　亦有學者認爲並非每一個受雇人都與營業秘
密有關，所以每一個受雇人所限制之時間，應不相同（注四四）。

在立法例上，　瑞士認爲離職後三年內之競業禁止契約爲有效（注四
五），西德則認爲離職後二年 以上之競業禁止契約爲無效（注四六），義
大利則規定離職後競業禁止契約之時間限制爲上級職員離職後不得逾五
年，　其他職員離職後不得逾三年，　否則無效（注四七），日本實務，則
認爲離職後二年之競業禁止契約爲合理 （注四八）。　本文認爲離職後競
業禁止之期間，應同時考量員工之生存權及雇用人財產權之保障。前揭
最高法院之判決，　固採納外國立法例之見解，　認爲二年之競業禁止期
間，尚稱合理，惟各行各業營業秘密之發展與營業秘密存在之時間，均

注四二　Suellen Lowry, Inevitable Disclosure Trade Secret Disputes: Dissolutions of Concurrent Property Interests, *V. 40, No. 2, Standford Law Review*, Jan' 1988, at p. 524.

注四三　Ronald, B. Coolley, Recent Changes in Employee Ownership Laws: Employers May Not Own Their Inventions and Confidential Information, *V. 41, No. 1, The Business Lawyer*, Nov' 1985, at p. 69.

注四四　M. Jefferson, Evading the Doctrine of Restraint of Trade, *V. 134, No. 19, Solicitors Journal*, May 1990, at p. 532.

注四五　瑞士勞動契約法第三四〇條 a 項規定。

注四六　西德商法第74條 a 項。

注四七　義大利民法第二一二五條。

注四八　田村諄之輔，競業禁止約款，ジユリスト 45 號，勞動法判例百選第三版，1974年9月，頁五六。

有不同，似宜從各行業個案具體判斷限制之合理時間爲妥。如電腦軟體之發展，一日千里，如所保護之營業秘密已消滅或更新，似無再予限制之必要。若採外國立法例方式，明文規定以一定年限爲離職後之競業禁止之期間，固可收適用上簡便之效，惟此種齊頭式平等之立法方式，卽可能在具體個案適用上，發生實質不公平之情形。

二、限制之地域

應以雇用人現在之地域爲範圍，以實質上會產生雇用人競業危險爲範圍（注四九），但不可擴大到雇用人將來可能擴展之地域，但如雇用人之企業是全國性或國際性的，或顧客遍及全國或國際性者，則地域之限制，卽不在考慮之列（注五〇）；亦有學者認爲地域之限制，應考量受雇人之生存權，故應以受雇人能够自由進入市場之空間爲必要（注五一）。

本文認爲限制之地域，應以雇用人目前之領域爲範圍，至於其他雇用人尚未開拓之領域，基於自由競爭原則，不得加以限制。

三、限制之職業種類或活動範圍

職業種類之限制，可能是最嚴苛之限制，應考量是否不當剝奪受雇人之生存權，故限於不得從事與受雇人在雇用期間所從事之相同工作（注五二）。

本文認爲對於受雇人限制不得從事與原受雇期間所從事之工作，無異強迫離職受雇人必須轉行，在今日專業化時代下，此種限制對於受雇人可能有不當害及其生存權之虞，似爲不當。因此如有害於受雇人之生計，應給予適當之補償；或就限制地域之因素，不得過大，不得擴及全國或國際性，以免有害及其生計；或雇用人得以限制受雇人不得與其受

注四九　Suellen Lowry, supra note 42, at p. 524.
注五〇　Ronald B. Coolley, supra note 21, at p. 23.
注五一　Ronald B. Coolley, supra note 43, at p. 71.
注五二　Ronald B. Coolley, supra note 21, at p. 30.

雇期間中所接觸之顧客從事交易，以免受雇人利用在其受雇期間與顧客直接接觸，直接取得有關客戶之營業秘密，而有害於雇用人（注五三），卽以限制受雇人活動之範圍代替職業種類之限制。

由於受雇人之協商能力居於弱勢，因此限制是否合理，美國學者認為非由雇用人決定，應由法官依據個案判斷（注五四）。

德國法則規定員工對於時間、地域之限制及雇用人是否有正當之營業上利益有疑義時，得請求雇主交付理由書，雇主應於請求後二周內交付，其規定之立法理由，主要在於是否有營業上之利益存在，或限制是否合理，在訴訟中屢生爭議，此規定可改善訴訟中舉證之問題，使受雇人對於限制之範圍是否合理等問題，有事先爭執之機會，如其無爭執，在訴訟中則受拘束（注五五）。

本文認為德國之規定仍源於契約自由原則，由當事人自行決定契約之內容，或許可改善法官依據個案判斷所產生不一致之現象。但仍有可能發生雇用人利用其經濟上之優勢，而強迫受雇人訂約之現象，致生不公平。

第四款　代償之給付

在西德，以代償給付之有無，作為競業禁止契約之有效要件，稱為「代償給付原則」，乃在尊重生存權之保障（注五六）。

依據西德商法規定，競業禁止期間，雇用人應給付受雇人最後年報酬額二分之一以上，以補償受雇人生計上之不利益，否則無拘束力（商法第七四條）（注五七）。雇用人違反者，受雇人得請求之，但受雇人違

注五三　伊利諾州卽採此，引自 Melvin F. Jager, *Trade Secrets Law,* Clark Boardman Company Ltd. *Vol. 2,* 1989. 9, at p. 13-23.
注五四　M. Jefferson, supra note 44, at p. 533.
注五五　後藤清，注三三之文，頁二○八～二○九。
注五六　同前注，頁二一四～二一五。
注五七　盛岡一夫，注十六之文，頁四八。

反競業禁止契約者，雇用人之代償給付義務消滅，雇用人受有損害者，得請求損害賠償。代償金之計算，以受雇人最後三年之經常性報酬之平均額爲計算標準。但受雇人在受領代償期間，有其他工作，得減三分之一之代償額（注五八）。

　　法國則規定於競業禁止期間，雇用人應給付最後薪資額二分之一或三分之一，競業禁止期間未逾二年者，則全額支給（注五九）。

　　至於英國，在一九一三年 Mason v. Proident Clothing and Supply Co. 一案中，對於契約之有效與否，僅要求是否符合合理性之標準，對於代償之有無，則未談及（注六〇）。

　　美國對於代償金之給付，則無明文，實務上之判例，曾認爲在競業禁止二年內未找到工作者，則給付二年之代償，該約定有效（注六一）。美國有學者則提出「利益同時存在理論」(courrent interest doctrine)，闡明以法律明定代償金之必要，其理由如下（注六二）：

　　一、雇用人之營業秘密與受雇人之一般知識、經驗、技能難以區分，致使雇用人與受雇人間產生不可避免之洩漏之爭議，日益增加，一旦有不可避免之洩漏之爭議時，爲了鼓勵發明，法院通常會有利於雇用人之認定，卻不當限制了有能力之受雇人職業選擇自由之不公平現象。

　　二、由於美國營業秘密之定義，未見一致，而任由法官判斷，因其不確定性，導致了限制受雇人職業選擇之自由。

　　三、受雇人居於弱勢，很難與龐大之企業有談判之空間，因此有必要以法律明定補償金制度。

　　四、雇用人之所以擁有營業秘密之權利，乃是基於法律之規定，同

注五八　後藤清，注三三之文，頁二〇九。
注五九　盛崗一夫，注十六之文，頁四八。
注六〇　後藤清，注三三之文，頁二一四。
注六一　Melvin F. Jager, supra note 53, at p. 13-15.
注六二　Suellen Lowry, supra note 42, at p. 521-539.

樣地，法律亦可明定雇用人有代償金之給付義務，以保護受雇人。

基於以上理論，其認為有不能區分雇用人之營業秘密和受雇人之一般知識、經驗、技能時，適用共有制度，俾使雇用人或受雇人均不會獨享工作之成果。如果該營業秘密之持分，不能實際區分時，以補償他方不能使用營業秘密之損害，確認雙方利益同時存在之事實。因此，雇用人禁止離職受雇人使用營業秘密，應給付代償，而離職受雇人使用營業秘密，則應支付使用費（加州營業秘密法即採此見解），如果確立此種理論，雇用人就不會急於訴訟，而在契約中明定代償金（注六三）。

本文認為，是否應給付代償金，應考量以下之因素：

一、如果該營業秘密為雇用人所有，本得禁止他人之不法使用，原無給付代償金之必要，惟如因競業禁止之限制，而有危及受雇人之生計，為顧及代償金之本質在於受雇人離職後生存權之保障，受雇人在競業禁止之期間內未找到工作者，於維持其生活之必要範圍內，以約定給付一定之代償金，始無違反憲法上所保障之生存權而有效。在法國為保障勞工之生存權，明文規定雇用人在競業禁止期間二年內者，應給予最後離職之薪資全額，有可能導致勞工怠於找工作，坐領乾薪，反而有違公平，因此，本文認為如欲明文規定雇用人有代償金之給付義務，賦予受雇人有請求權基礎，似不宜規定為薪資之全額，應依據我國物價波動、一般生活水準所需之數額，以決定代償金之數額。但該受雇人在該競業禁止期已有工作時，似無再給付之必要。

二、如果該營業秘密與受雇人之一般之知識、經驗，難以區分，可適用雇用人與受雇人共有制度，如雇用人禁止受雇人使用營業秘密之競業禁止契約，應約定給付代償金始為有效，以補償受雇人不能使用之損失，同樣地，如受雇人或雇用人使用該營業秘密時，應得他方同意，以

注六三　Id., at p. 541-543.

免他方因不當使用營業秘密，致增加其消滅之機會。

第五款　衡量所有人之利益，受雇人之不利益及社會公益

競業禁止契約，不得威脅及個人之生存權，否則將因違背公序良俗而無效（注六四）。

綜上論述，本文認爲競業禁止契約，至少應考慮以下之因素，以免違反憲法上所保障之工作權、生存權或違背公序良俗而無效：

一、就受雇人之職位，應非一般之職員，而爲有機會接觸營業秘密之員工。

二、競業禁止契約之目的須有可受保護之利益，如營業秘密。

三、競業禁止之時間、地域、活動範圍、職業種類，應就受雇人之職位、營業秘密之性質與其存在時間之長短等情事，依據個案具體判斷之，以不妨害受雇人之生計爲前提。

四、至於該約定是否應給付代償金，始無違於公序良俗，則視營業秘密之歸屬權而定，如營業秘密爲雇用人所有，原無須給付代償金，但如因競業禁止約定致受雇人無法找到工作，而有害於受雇人之生計，於維持其生活之必要範圍內，則應給付一定代償金，代償金之數額，得依我國物價波動、一般生活水準決定之。如營業秘密爲受雇人與雇用人共有者，則應適用共有關係之理論，雇用人禁止受雇人使用者，自應給付代償金，以補償受雇人不能使用營業秘密之損失。

上開判決三中則已論及：

一、受雇人爲原告公司之技術資訊組人員，爲有機會接觸營業秘密之受雇人。

二、競業禁止約定之目的，在於保護營業秘密，亦在於防止員工任意跳槽至競爭性公司，造成公司之不利益，有可受保護之利益存在。

注六四　土井輝生，知的所有權法——現代實務法律講座，株式會社青林書院，1977年10月初版第二刷，頁一九五。

三、離職二年後之競業禁止，並未剝奪受雇人之生存權，亦無害於公序良俗。

上開判決並未論及代償之給付及限制之地域，所約定不得從事相同或類似之行業，其範圍如何？是否有害及受雇人之工作權，亦未論及，如因該約定致有害於受雇人之生存權及工作權，本文認為應以約定給付一定之代償金，始為有效。

另外，國內之企業為防止受雇人自己不為競業行為，而由該受雇人之一定親屬為競業行為，因此在競業禁止約定中，競業禁止之對象亦包括受雇人之二親等內之血親或姻親，在該受雇人離職後之一定期間內不得為競業行為，本文認為該約定，應限於該受雇人係有機會接觸該營業秘密者，才不會不當地限制他人之自由權、工作權，如此約定始無違於公序良俗或憲法所保障之工作權而有效。至於如競業禁止之對象僅為受雇人本身，基於法律人格權各自獨立之原則，自不及於該受雇人以外之人，如該受雇人之配偶或親屬為競業行為，並不構成該受雇人違約。

第三項　部分條款有違公序良俗或強制規定之競業禁止契約

競業禁止契約，如因部分條款不合理，而無效時，應如何解決，美國各州有以下幾種不同之見解（注六五）：

第一款　一部無效、全部無效

契約之條款如一部無效，則全部無效，如亞利桑那州等。

第二款　刪除不合理條款，其餘條款仍有效

將契約視為可分，契約一部無效，不影響其他契約條款之效力，法官可刪除不合理之條款，原封不動地留下合理之條款，即所謂藍鉛筆原

注六五　Ronald B. Coolley, supra note 21, at p. 33-34.

則 (blue pencil rule)，此原則確立於 General Bronze Corp. v. Schmeling 一案，探此見解者有伊利諾州等（注六六）。

第三款　將不合理之條款修改爲合理之條款

法官將不合理之條款，修改爲合理之條款，如時間過長者，合理期間內有效，合理期間以外無效，卽所謂合理性原則 (The rule of reason)，多數州採此原則，如阿拉巴馬州等。

我國法認爲法律行爲之一部分無效者，全部均無效，但除去該部分，亦可成立者，則其他部分，仍爲有效（民法第一一一條），我國似與上述第二款刪除不合理之條款，其餘條款仍有效之原則類似，惟我國係由法官依據法律之客觀性與當事人之主觀意思以認定是否得除去該無效之部分，而美國則由法官依職權於訴訟中刪除不合理之條款，此其不同之處。

臺灣高等法院八十年度第二〇三號判決（卽上開判決四）卽指出「法律行爲無效，係當然自始無效，上訴人雖於第一審減縮聲明，僅請求被上訴人不得於切結書成立後二年內使用上訴人之技術生產彈波機器，惟系爭切結書旣爲自始無效，上訴人據以起訴請求，顯屬無據，不因其提起訴訟後減縮聲明，而使原本無效之契約，變爲有效」，該案中契約條款爲不可分，契約條款一部無效，當然，自始該契約全部無效。

第四項　其他具有競業禁止效力之條款

雇用人爲了防止受雇人洩漏或使用營業秘密，乃另設其他具有競業禁止效力之約款如下：

第一款　退職金減半條款

注六六　General Bronze Corp. v. Schmeling, 208 Wis 565 243 N.W. 469,（1932）.

　　日本在實務及學說均認爲受雇人違反競業禁止約定之退職金減半條款有效，茲說明如下：

　　三晃社事件，1966年8月9日，最高法院判決一事實爲依據退職金規則規定，受雇人離職後到同業之他公司就職者，退職金減半返還，基此規定，雇用人因受雇人違反該規定，請求返還半數退職金。第一審法院基於（1）兩造無競業禁止契約之明文（2）縱有明文，退職金減半條款，無異爲損害賠償之預定，違反勞動協約法，該約定無效等二點理由判令雇用人敗訴。雇用人上訴後，最高法院判決要旨則認爲：中小廣告代理業者，受雇人與顧客間之關係很密切，如受雇人跳槽到競業公司就職，可能產生原雇用人營業上之不利益，且退職金具有功勞報償之性格，違反退職金規則，無異抹殺勤務中之功勞，而判令雇用人勝訴，學者亦贊同此見解（注六七）。

　　本文認爲上開判決，似未提及前述競業禁止契約應考量之因素，既無代償之約定，亦無合理之期間、地域之限制，該條款恐有害於受雇人選擇職業之自由，有違憲法上所保障之工作權，應爲無效。假設上開契約之限制，均未違反公序良俗或憲法上所保障之工作權，該競業禁止契約有效，然而退職金之理論，亦影響及本約定之有效與否。如認爲退職金爲功勞報償之性質，卽退職金之給付爲雇用人對於受雇人一種恩惠性之給付，完全依雇用人之意思決定是否給付及給付之數額者，則受雇人違反競業禁止約定，確有抹殺受雇人在受雇期間之功勞，則該約定有效；如認爲退職金爲一種延期工資之性質，則退職金爲工資之一部分，則以受雇人離職後所生之事宜，致妨害前已取得之工資，似不妥當，該

注六七　山本吉人，競業避止約款と退職金減額，ジュリスト增刊，勞動法の判例第二版，1978年9月，頁六八。

約定應屬無效（注六八）。

第二款　喪失退職金條款

關於違背競業禁止契約，則喪失退職金之約定，是否有效？在美國、日本則有完全迥異之見解，茲說明如下：

一、日本——實務上認為違反競業禁止約定者，不支付退職金之條款無效。

中部廣告社事件，1990年6月26日，名古屋地院判決一事實為依據退職金給付規定，受雇人退職後6月到同業他公司就職者，完全不給付退職金。基此規定，公司依據受雇人離職後，直接設立競業公司之事實，拒絕給付退職金，受雇人乃起訴請求，判決要旨乃認為，中小廣告代理業者，受雇人與顧客之關係極為密切，一定期間內之競業禁止義務，不可謂不合理，但退職金其有工資後付之性質，除了退職金一部不給付或有不公正之競業行為外，該約定無效（注六九）。該判決似認為退職金具有勞動對價之性格，以退職後所生之事由，而剝奪受雇人之退職金，顯不合理（注七〇），故該約定無效。

二、美國——實務上認為符合合理性限制之競業禁止契約，違反者喪失退職金條款，應為有效（注七一）。但該約定不適用於受雇人被無任何原因之免職及非自願之離職。再者，受雇人必須明知該約款，且公

注六八　退休金理論有（一）功勞報償說：退休金為雇用人對受雇人一種恩惠性之給與，而以雇用人之意思決定之。雇用人藉由退休金之制度加速人力之代謝，故又稱商業權宜說。（二）延期工資說：退休金為受雇人工資之一部分，自其工資提撥一定比率作為退休金。以上引自柯木興，勞工退休金作業手冊，76年9月三版，著者發行，頁五～七。

注六九　和田肇，注十三之文，頁五六。

注七〇　同前注。

注七一　密西根州、俄亥俄州、馬里蘭州最高法院均認此種約款有效，但加州、奧勒崗州、威斯康辛州則認為違反公共政策而無效，引自Melvin F. Jager, *Trade Secrets Law*, supra note 53, at p. 13-11, 13-12.

司應以書面通知，未通知者，該約定無效（注七二）。

本文認爲上開競業禁止約定須審查是否有效，應考量其限制約款是否有違公序良俗條款或憲法所保障之工作權，卽應考量本文前述之因素，此外尚須考慮退職金之理論依據以決定，理由同前。

目前在國內雇用人爲安定受雇人離職後生活，在工作規則中有退職金規則，其與我國勞動基準法之資遣費之內容有所不同，前者爲受雇人自願離職時，雇用人爲照顧受雇人離職後之生活所爲之給付，而後者則爲受雇人遭到資遣時爲照顧其資遣後之生活，由法律強制規定由雇用人所爲之給付，故不得以當事人間之約定，免除給付義務。退職金如爲雇用人爲照顧受雇人離職後生活之一種恩惠性給付者，則具有功勞報償之性格，如以離職後競業行爲作爲退職金不給付之約定者，應爲有效，如該退職金係由雇用人在受雇人受雇期間內自其工資中提撥一定比率作爲退職金者，則該退職金具有延期工資之性質，則雇用人以受雇人離職後之競業行爲作爲退職金不給付之約定，則似有以離職後所生之事由，而剝奪受雇人在職中所取得之工資，該約定顯失公平，應爲無效。

第三款　返還訓練費用條款

雇用人爲防範受雇人習得雇用人之營業秘密後，隨卽跳槽，致有害於其利益，乃有返還訓練費用條款，係約定受雇人於完成訓練之相當期間內離職者，應返還全部或部分之訓練費用，在美國實務上，對此種條款是否有效，則有不同之見解：

甲說：返還訓練費用條款，爲眞正損失之預估而非懲罰，並非限制受雇人離職後使用自己之技能（注七三），雇用人將訓練費用之財產轉化爲一種知識給受雇人，因此該知識屬於雇用人，受雇人離職時，應返還於雇用人（注七四），故該約款有效。

注七二　Ronald B. Coolley, supra note 21, at p. 31.
注七三　Garry Bastin, supra note 11, at p. 310.
注七四　M. Jefferson, supra note 44, at p. 533.

乙說：返還訓練費用條款事實上為一種懲罰，其目的在於防止受雇人跳
　　　槽，並保護受雇人免於競爭，有限制自由競爭之嫌（注七五），
　　　故無效。

　　本文基於以下三點理由，認為返還訓練費用條款有效：

　　一、限制受雇人在一定期間內不得離職，並非限制其永遠不得離
職，無害於受雇人生計，亦無違反自由競爭原則。

　　二、公司支出訓練費用教育受雇人，旨在增進其本身之技能，受雇
人自應留在公司內，有所回饋，始符誠信原則。

　　三、如受雇人一經完成訓練，隨即跳槽，獲取高薪，而原公司尚無
機會自訓練費用取得回收即受損害，爾後殆無公司願意再投資於員工之
訓練，其結果必致員工之知識無法提昇，則無法促進技術之開發，則可
能導致產業停滯，而害於公益。

第四款　喪失佣金條款

　　受雇人違反競業禁止契約，則喪失佣金條款之約定，美國實務上認
為無效，因其違反限制貿易原則（注七六）。

　　本文認為佣金為受雇人在職時工作成果之所得，不宜以離職後違反
競業禁止義務而剝奪其原已取得之權利。

注七五　Garry Bastin, supra note 11, at p. 310.
注七六　M. Jefferson, supra note 44, at p. 534.

第五章　營業秘密與其他法規之關係

第一節　概　　説

　　營業秘密與著作權，專利權，同樣爲人類智慧活動之結果，在美國將其同樣列爲智慧財產權，而其間之關係如何？實有研究之必要。在日本，因新修正不正競爭防止法中，新增修營業秘密之保護之立法，學者乃有企業可能較傾向於選擇營業秘密之保護，而放棄專利之申請，導致技術隱匿化，減損技術移轉之功能，有害於產業之發展之憂慮（注一）。因此，專利權與營業秘密究竟處於何種關係？將營業秘密之內容予以具體化，形諸於文字且具有原創性則可能亦成爲著作權保護之標的，則著作權與營業秘密之區別與關係爲何？均爲本章所討論之重點。

第二節　營業秘密與專利權

第一項　營業秘密與專利權之區別

　　本項先將營業秘密與專利權之區別，說明如下：

第一款　就立法理由而言

　　專利權以公開發明之內容，授與所有人相當期間之獨占，作爲公開

注　一　橫田俊之，財產的情報の法的救濟制度，ジユリスト954號，1990年4月，頁七七。

之代價，藉此鼓勵發明（注二）。　而營業秘密以維持秘密性，　抑制他人以不正手段取得營業秘密，確保企業主之投資，亦在於促進技術開發。因此，二者之目的，均在於促進技術之開發，並不會牴觸，乃是於相互補充之功能（注三）。因此，　營業秘密之保護不會妨礙產業之發展及技術之開發。

第二款　就要件而言

一、專利權需要高度之新穎性及進步性，專利法上之新穎性，係指發明內容之技術創作，尚未成爲先前技術而言，我國專利法第二條則以列舉欠缺新穎性之情形，作爲認定之標準。惟美國最高法院則認爲營業秘密不需要專利法上之新穎性，但至少含有一點新穎性，以證明其爲非周知，　即只要證明非一般人所知悉之構想卽可（注四）。　營業秘密以非周知性爲其要件，其不需如專利權須要高度之新穎性，如將眾所周知之成分重新組合，亦爲營業秘密（注五）；或自工作中所獲得之特定之專門技術，以符合特殊顧客需要之工程技能及經驗，亦爲營業秘密（注六）；或曾經公開，但經過相當長之時間，而遭人類遺忘，均可能成爲營業秘密（注七）。

二、專利權以公開爲必要，而營業秘密以秘密性爲必要，基此，二

注　二　Ellen Lauver Weber, Patenting Inventions that Embody
　　　　Computer Programs Held as Trade Secrets, *V. 59, No. 3,*
　　　　Washington Law Review, July 1984, at p. 604.

注　三　橫田俊之、熊谷健一、廣實郁郎、中村稔，改正不正競爭防止法にお
　　　　ける營業秘密の法的救濟制度について，ジュリスト 962號，1990年
　　　　9月，頁二五。

注　四　Melvin F. Jager, *Trade Secrets Law,* Clark Boardman Company
　　　　Ltd., 1989, at p. 5-83.

注　五　石角完爾，企業秘密／トレード・シークレツト，第一法規出版株式
　　　　會社，1988年3月初版，頁二〇四。

注　六　Melvin F. Jager, supra note 4, at p. 5-82.

注　七　參徐火明，論不當競爭防止法及其在我國之法典化（二），中興法學
　　　　第二一期，七十四年三月，頁三三五。

者性質上不相容（注八）。

三、專利權之要件較為嚴格，須具有新穎性、進步性及實用性，且基於公益上之理由，某些不予發給專利之發明（專利法第四條），即無從保護。而營業秘密之要件，具有彈性，且範圍較廣，甚至及於顧客名冊、市場調查等商業資訊（注九）。

第三款　就法律效果而言

一、專利權享有一定期間之獨占，禁止他人就同一發明獨立開發、複製、使用，但營業秘密只要維持其秘密性，即永久保持事實上獨占，但不得禁止他人就同一發明以合法手段獨立開發或為還原工程（注十）。因此，如有二人以上合法持有營業秘密，各自均維持其秘密性者，該二人均得自由使用該營業秘密，而無排它權。再者營業秘密可能因所有人疏忽或未盡適當之努力維持秘密性或大量製造公開販賣而造成營業秘密之消滅，因此，學者有認為營業秘密為一種不安定之智慧財產權（注十一）。

二、專利權僅保護專利申請之範圍，第三人在不牴觸他人之專利權下，參考其專利，開發類似的發明或技術，不受專利法之限制，因此，申請專利而公開發明成果，無異無償地教授了競爭者新的技術，從事類似的發明，而營業秘密則不會有此現象（注十二）。美國之營業秘密法係保護其邏輯、概念，因此取得他人之營業秘密後，雖未完全複製，而稍做修改，如其實質之部分與原告之營業秘密相同者，仍構成營業秘密

注　八　Ellen Lauver Waber, supra note 2, at p. 604.

注　九　Michael A. Epstein and Stuart D. Levi, Protecting Trade Secret Information: A Plan for Proactive Strategy, *V. 43, No. 3, Business Lawyer*, May 1988, at p. 887.

注　十　石角完爾，注五之文，頁二〇六。

注十一　同前注，頁二〇四。

注十二　Russell B. Stevenson JR., *Corporations and Information*, The John Hopkins University Press, 1980, at p. 21.

之盜用，而成爲禁止命令之對象（注十三）。

三、專利申請中，尚未公告前，有侵害該專利之情事，不受專利法之保護，但可依營業秘密法保護；且專利如因申請程序不合或因駁回而無效時，亦不受專利法之保護，然而營業秘密則不有此現象。乃因營業秘密一經完成，如持續維持秘密性即受保護（注十四）。

四、專利權之保護，採屬地主義，如欲取得多數國家之保護則需向各該國家申請專利，並定期繳納專利年費，所支出之費用較高。而營業秘密則在於防止他人以不法手段取得營業秘密，故任何人、時、地之侵害，均受保護，故只要維持秘密性之管理費用，其費用較低（注十五）。

五、在美國實務上，比較特別者，專利授權契約，因專利期間屆滿，仍支付使用費之約定無效，但營業秘密之授權契約，則認爲縱營業秘密已公開，被授權人仍有支付使用費之義務（注十六）。

第四款　就申請程序而言

專利權申請之時間及程序極爲冗長，需經審查並經公告，至少需經一年，而營業秘密一經完成，即時取得營業秘密之保護。此對於高科技之工業，其發展極爲迅速，專利權之保護早已緩不濟急（注十七），且競爭者在此期間，早已完成模倣技術（注十八），甚至可能該產品早已

注十三　Melvin F. Jager, supra note 4, at p. 5-24, 9-9.

注十四　Peter B. Swann, Maryland Uniform Trade Secrets Act, *V. 49, No. 4, Maryland Law Review*, 1990, at p. 1058.

注十五　許智誠，美國法上企業發明之保護——專利與營業秘密之抉擇，法學叢刊第四卷第二期，七十九年九月，頁六二。

注十六　Stanislaw J. Soltysinski, Legal Protection for Computer Programs Public Access to Information and Freedom of Competitive Reasearch and Development Activities, *V. 16, No. 2, Rutgers Computers and Technology Law Journal*, 1990, at p. 468.

注十七　Michael A. Epstein and Stuart D. Levi, supra note 9, at p. 887.

注十八　石角完爾，注五之文，頁二〇八。

爲競爭者所取代（注十九）。

第五款　在訴訟程序而言

一、專利權因有申請登記程序，較易於舉證專利權之內容與範圍，而營業秘密無申請程序，在舉證上較困難。

二、在美國營業秘密之救濟，尚得請求懲罰性損害賠償與律師費，專利權則否。

就美國調查報告顯示，較小型之企業趨向採用營業秘密之保護，乃因實務判決顯示營業秘密之訴訟，較易取得勝訴判決，且以營業秘密保護所需之費用較低等因素（注二〇）。

第二項　營業秘密與專利權保護之抉擇

瞭解營業秘密與專利權之區別後，如何選擇其保護方法，有以下之基準：

第一款　視該資訊之生命期間

高科技之電子、電腦工業之發展非常快速，採取專利權之保護，可能因申請程序過於冗長而緩不濟急，宜採營業秘密之保護（注二一）。

第二款　視該資訊是否爲易於開發之技術

易於因第三人之還原工程或獨自開發所取得之技術，且保持秘密須巨額之費用，宜採專利權之保護。但如申請專利公開資訊後，第三人易於自該公開之專利，開發類似之技術，則應考量是否採取營業秘密之保護（注二二）。

注十九　Ray A. Mantle, Trade Secret and Copyright Protection of Computer Software, *V. 4, No. 4, Computer Law Journal,* Spr' 1984, at p. 672.

注二〇　Russell B. Stevenson JR., supra note 12, at p. 21.

注二一　Ellen Lauver Weber, supra note 2, at p. 603.

注二二　石角完爾，注五之文，頁二一一～二一二。

第三款　視該資訊是否能取得專利權

不易符合專利權要件之資訊，宜採營業秘密之保護（注二三），免於因專利申請被駁回而不受保護。

第四款　視該資訊是否易於維持秘密性

該資訊須大量製造且公開販賣者，採取營業秘密之保護，易失其秘密性，此時宜採取專利權之保護（注二四）；且如營業秘密易於喪失秘密性，致秘密性之管理費用過高者，則採專利權之保護，亦較妥適（注二五）。

綜而言之，營業秘密不適用於大量製造之商品，而適用於生命短且易於維持秘密性之資訊（注二六），如電腦軟體。

有學者認爲得將技術之一部分公開申請專利，而將實施該技術所不可或缺之資訊，如材料之比率，作爲營業秘密保護，此時二者可並存（注二七）。

但發明人之專利申請中含有他人之營業秘密時，發明人無權洩漏他人之營業秘密（注二八），則不得任意將其發明申請專利權。

第三項　營業秘密與專利權之衝突

第一發明人爲營業秘密所有人（下稱所有人）與日後取得專利權之

注二三　Gregory J. Maier, Software Protection-Integrating Patent, Copyright and Trade Secrets Law, *V. 69, No. 3, Journal of the Patent & Trademark Office Society*, at p. 163.

注二四　Id., at p. 162.

注二五　Vytas M. Rimas, Trade Secret Protection of Computer Software, *V. 5, No. 1, Computer Law Journal*, Sum' 1984, at p. 83.

注二六　Raymond T. Nimmer, *The Law of Computer Technology*, Warren, Gorham & Lamont Inc., 1985, at p. 3-2.

注二七　石角完爾，注五之文，頁二一三。

注二八　Ellen Lauver Weber, supra note 2, at p. 607.

第二發明人（下稱專利權人），二者權利孰先孰後？在西德及法國已立法解決，認爲專利權人有優先權，但所有人基於自己使用之目的，得使用該發明。而在美國則有以下不同之見解（注二九）：

甲說：專利權人優於所有人，但所有人得繼續使用該發明，且公開發明之前之授權仍有效。

乙說：所有人優於專利權人。

最近美國聯邦巡廻上訴法院認爲專利權人有優先權，乃因其取得專利，因公開而洩漏營業秘密（注三〇）。

本文基於以下三點理由，認爲專利權人有優先權，但所有人限於在原有事業內得繼續使用：

一、專利之申請因踐行公告之程序（專利法第三〇條），已致營業秘密消滅，所有人之權利卽已消滅，應無所謂權利先後之問題。

二、但依據專利法第四三條第一項第二款及第二項規定，在申請專利前，已在國內使用或已完成必須之準備之善意先發明人，基於先使用權之原則，得在原有事業內繼續使用，故所有人合於上開規定，得在其原有事業內使用。

三、營業秘密之保護與專利權之立法目的，均在於鼓勵發明，惟前者仍著重於防杜不法搾取他人成果之行爲，制止不法侵害他人營業秘密，鼓勵發明爲其次要目的。鼓勵發明之最主要方法，仍應以公開發明取得相當期間獨占之專利權爲宜，藉由資訊流通，以刺激發明，基此，專利權人應優先於所有人。

注二九　Melvin F. Jager, supra note 4, at p. 10-6, 10-7.
注三〇　Id., at p. 10-8.

第三節 營業秘密與著作權

第一項 營業秘密與著作權之區別

營業秘密與著作權之區別如下:

第一款 就保護目的而言

著作權著重於保護人類之思想、情感之創作物,因此著作權保護其原有之形式,而不保護該表現形式下之構想、概念、邏輯,如剽竊著作權人之思想,而以不同或類似之形式表現,不發生著作權侵害之問題,但營業秘密則保護該表現形式下之構想、邏輯,未得許可而將他人之新構想使用於別種機械,亦構成營業秘密之侵害(注三一)。

第二款 就保護型態而言 (注三二)

一、著作權不保護不法取得著作物之行為,但為營業秘密保護之對象,如盜用顧客名冊。

二、著作物公開或大量販賣,仍受著作權之保護,而營業秘密以維持秘密性為要件,一經公開即消滅。

三、著作物內容之利用行為,不構成著作權之侵害,但對於不正使用營業秘密之內容,亦為營業秘密之侵害。

第三款 就法律效果而言

營業秘密不能防止他人為還原工程、分析,而取得同一發明,著作權則得禁止他人未經同意之複製行為(注三三)。

第四款 就申請程序而言

注三一　石角完爾,注五之文,頁八四〜八五。
注三二　同前注。
注三三　Melvin F. Jager, supra note 4, at p. 10-14.

著作權不以登記爲要件，只要符合一定之要件，卽受保護，營業秘密亦同。

著作權不以公開出版爲要件，二者之權利可並存，惟著作權登記後，是否仍並存？在本文第二章第三節已詳細討論。茲就美國及我國之規定簡單說明如下：

一、美國

美國一九七六年新修正之著作權法，包括公開發行及未公開發行之著作權，因此含有營業秘密之著作物，以未發行之著作權登記，不會喪失秘密性之要件。因此，著作權得與營業秘密同時並存，如營業秘密因疏忽而公開，仍得以著作權保護，如此可擴大智慧財產權之價值（注三四）。惟美國新著作權法之規定，著作權人須將著作物繳付（deposit）而著作物之繳付爲著作權人提起訴訟及請求損害賠償、律師費之要件，但著作物怠於繳付時，其制裁非常輕微，著作權局局長可以書面要求著作權人於三個月內補繳，著作權人得申請如繳付，可能有營業秘密喪失之危險，依著作權法第四〇七條 c 項之規定請求免予繳付，如申請被駁回，則著作權人須決定繼續申請著作權登記或改採營業秘密之保護（注三五）。

二、我國

我國著作權採創作主義，一經完成著作，卽取得著作權。無待乎登記，此時，營業秘密與著作權並存，惟著作權一經登記，由於須踐行公告程序（著作權法第七六條），則因公告而喪失秘密性，則營業秘密消滅。

第二項　營業秘密與著作權之衝突

注三四　Id., at p. 10-20.
注三五　Id., at p. 10-19.

　　第一著作人爲營業秘密所有人（下稱所有人）與日後創作之第二著作人（下稱著作權人），二者權利孰先孰後？並無判例可稽考，本文乃依營業秘密及著作權之規定，大致歸納如下：

　　一、著作權人未申請登記者，則因未公開，營業秘密並未消滅，所有人得與著作權人之權利並存。

　　二、著作權人如申請登記者，則營業秘密因公開而消滅，所有人之權利亦消滅，著作權人優於所有人。由於著作權並無先使用權之原則，所有人亦不得再複製已爲著作權登記之著作物。

第三項　營業秘密與電腦軟體之保護

　　電腦軟體之發展極爲快速，如以專利權保護，可能由於申請時間需時過長，而喪失了市場競爭力（注三六）。電腦軟體是否受專利權之保護，亦頗多爭議，如我國行政法院卽曾認爲電腦軟體欠缺新穎性，不宜成爲專利之標的，經濟部經（七一）訴字 01212 號函卽指出「單純之電腦軟體或檢字法，因係利用人之推理力、記憶力所生之結果非爲利用自然法則所爲技術思想上之創作，自不應予以專利」，係因專利法第四條第一項第六款規定其他必需藉助於人類推理力、記憶力，始能實施之方法或計畫，皆爲不予專利之項目之故；於一九七七年十月七日生效之歐洲專利公約第五二條亦規定，電腦程式不得取得專利權；德國一九八〇年之專利法第二條第三項亦明文規定電腦程式非專利法上之發明，而不受專利法之保護；惟在歐洲仍有學者認爲技術發明之程式，仍受專利法之保護（注三七），因此，電腦軟體之發明人依據專利權保護之比率極低。美國著作權法第一一七條規定卽立法肯定以著作權保護電腦軟體

注三六　Ray A. Mantle, supra note 19, at p. 672.
注三七　參徐火明，注七之文，頁三四二～三四三。

（注三八）。 我國著作權法第五條第一項第十款， 亦肯定電腦程式著作為著作權保護之標的。

　　自歷史而觀，營業秘密是電腦工業最早且最主要之保護型式，因其能保護著作權所不能保護之概念、構想，且不需如專利權一般之新穎性（注三九），縱使將眾所周知之程式語言， 以特殊之邏輯組合、 設計、操作，得發揮競爭上之優勢，均可構成營業秘密，自美國調查顯示，電腦軟體大多同時以著作權及營業秘密法保護之（注四〇）。

　　含有營業秘密之電腦軟體授權契約中， 常因被授權人將該軟體分析其邏輯、結構、組織或予以還原工程後，創作衍生物，為此，美國伊利諾州、路易斯安那州為保護營業秘密所有人，承認限縮條款（shrinkwrap statute）為有效，限縮條款之內容為（注四一）：

　　一、禁止被授權人複製。

　　二、禁止被授權人還原工程、修正、採用、翻譯、重組而自軟體中創作衍生物。

　　三、禁止被授權人繼續轉讓、轉租、轉賣或其他形式之複製。

　　四、禁止同時有一人以上或一個電腦以上使用該軟體。

　　授權人應先向被授權人通知，如其不接受上開條款，可退回全部未開封之軟體， 如其接受者， 則表示其接受所有之授權條款（注四二）。

注三八　同前注，頁三四一。
注三九　The Committee on Computer Law, Reverse Engineering And Intellectual Property Law, 輯於 Roger M. Milgrim, *Milgrim on Trade Secrets, Vol. 3*, Matthew Bender & Company, 1983. Appendix B8, at p. B8-14.
注四〇　Stanislaw J. Soltysinski, supra note 16, at p. 463,467.
注四一　Page M. Kaufman, The Enforceability of State "Shrink-wrap" License, Statutes in Light of Vault Corp. v. Quaid Software Ltd, *V. 74, No. 1, Cornell Law Review*, Nov' 1988, at p. 237,238.
注四二　The Committee on Computer Law, supra note 39, at p. B8-19, B8-24.

依據營業秘密法之理論，還原工程爲公平且誠實之合法手段，而限縮條款之出現則構成了違法還原工程概念（注四三）。

但美國第五巡廻法院，則認爲上開條款，違反聯邦著作權法賦予被授權人部分複製並引用之權利應爲無效（注四四）。

本文認爲上開條款，偏重於保護電腦軟體所有人之利益，而忽略營業秘密法及著作權法之基本理論，其理論基礎，似嫌薄弱。

注四三　Page M. Kaufman, supra note 41, at p. 241.
注四四　Ibid.

第六章　結　論

　　美國於西元一八三七年卽出現了有關營業秘密之判決（注一），至
一九三九年則由美國法律學會制定侵權行爲法整編，規範不法盜用營業
秘密之行爲，於一九七九年更由統一州法全國委員會制定統一營業秘密
法，增加訴訟程序之保護，擴大營業秘密之定義，對於營業秘密之保護
更爲周全，美國結合百餘年來判例之累積，對於營業秘密之保護，可謂
是不遺餘力。美國得成爲科技大國，不無關係。

　　而日本在西元一九九〇年之前雖無營業秘密法之制定，但自西元一
九五一年以來，對於以照像、影印複製他人含有營業秘密之文件，卽以
刑法竊盜罪懲罰產業間諜，在該期間，平均一年之經濟成長率高達百分
之九，十年內國民所得額倍增，乃因技術革新之結果，而營業秘密之保
護，實爲促進技術革新所不可欠缺之要素（注二）。

　　德國早在羅馬法時代，卽以刑罰懲罰盜用營業秘密之行爲人，因
此，德國能成爲科技大國，有以致之。

　　目前，我國經濟正處於轉型期，唯有將產業升級，發展高科技不再
依賴外國之技術援助，臺灣之經濟，才有蓬勃發展之希望。其間，唯有
在法令上加強智慧財產權之保護，方爲正途，然而其中有關營業秘密之
保護，則甚爲簡陋，問題重重，我國目前以侵權行爲法規、刑事法規及

注　一　Vickery v. Welch 一案，引自 Earl W. Kinter Jack L.，有賀美智
　　　　子譯，アメリカ知的所有權概說，社團法人發明協會，1976年12月二
　　　　版，頁一四一～一四二。
注　二　大矢息生，盜まれる企業秘密，總合勞働研究所，1983年1月初版，
　　　　頁五三。

公平交易法第十九條第五款，來保護營業秘密。惟如以一般竊盜、詐欺、背信罪處罰，對於單純複製他人營業秘密內容之行為，在罪刑法定原則之下，即無處罰之依據。在適用侵權行為法則時，得否適用民法侵權行為第一八四條第一項前段規定？則因營業秘密究為權利或利益？或只是一種財產，屢生爭議；如依民法第一八四條第一項後段「故意以背於善良風俗之方法加損害於他人」為請求權基礎，則因善良風俗之概念不確定而致舉證責任極為困難，被害人之權利亦難以獲保障；至於公平交易法第十九條第五款，則因營業秘密定義及不正當方法之定義尚不明確，致在適用上產生許多困擾；且其規定僅有事業以不正手段取得他人營業秘密為侵害類型；至於第三人間接不法取得營業秘密之行為及其後之使用、洩漏行為，是否亦為處罰之對象？自然人以不法手段取得營業秘密者，是否亦應予以處罰？善意第三人取得他人之營業秘密，是否應予保護？另外，營業秘密之所有權歸屬是否有另為規範之必要？目前在法令上均付之闕如，然卻是不得不正視之問題。

再者，在公平交易法之救濟方法是否有缺失？營業秘密以秘密性為前提，而實施訴訟程序，以公開審理為必要，如何在訴訟程序上保護秘密性？亦值研究；另外雇用人在保護營業秘密之最常見之方法為秘密保持契約及競業禁止契約，是否有違反憲法上所保障之工作權或背於善良風俗之虞，我國在實務上亦無一致之見解，究竟應考慮如何之因素，殊值研究。

本文乃就上開問題，參考外國立法例及實務，提出淺見，以供參考，為便於明瞭起見，茲分點敍述之：

第一節　營業秘密之意義、要件及性質

由於我國營業秘密之保護採刑事罰，故營業秘密之定義，宜明確規

定，以免不當侵害人權，惟逐一定義恐掛一漏萬，宜作原則性規定，其要件有三：

一、秘密性

所有人主觀上將該資訊視爲秘密性，客觀上已盡適當之努力維持其秘密性。通常該資訊是否爲營業秘密，均以客觀上所有人所採取必要性之秘密保持措施判斷之，至於如何之秘密保持措施始可謂必要之努力，應就秘密之價值、侵害人之不正手段、所有人之資力等情形，依據個案判斷之。

二、價值性

該資訊應予所有人正當之經濟利益。因此，違法之資訊不受保護，如公害、逃稅、違反勞工法令等資訊。而評量是否有經濟利益，則可綜合評估所有人所花費之時間、人力、經費，或該資訊是否能使所有人取得競爭上之利益等因素判斷之。

三、非周知

該資訊須非眾所周知且非公眾易於取得者，如爲眾所周知者，或公眾易於自公開之字典、參考書、刊物中取得者，則爲公共所有，不許私人獨占使用。

本文認爲各國在學說上均認爲營業秘密具有財產價值，且我國亦將其作爲得以課稅之標的，故宜明文規定其爲智慧財產權之一種，俾使所有人在法律上能受到周全之保護，藉以鼓勵發明。

第二節　營業秘密之所有權歸屬及共有關係

一、依據公平交易法（下稱公交法）第十九條第五款規定，營業秘密保護之所有權主體似僅限於公交法第二條及第三條所稱之「事業」（如公司、獨資或合夥之工商行號、同業公會、其他提供商品或服務從

事交易之人或團體）及「與事業進行或成立交易之供給者或需求者之交
易相對人」，至於單純從事研究發明之自然人，則不在保護之列，惟眞
正從事發明之人多爲自然人，爲鼓勵發明，在立法時，宜將其主體包括
自然人。

　　二、另外，在決定有無侵害營業秘密之行爲，須先確定營業秘密所
有權歸屬之問題，尤其在雇傭關係中歸屬更難區分，宜明文規定，免生
爭議。本文認爲所有權歸屬之問題，應規定如下：

　　（一）職務上之發明，宜認其所有權歸屬於雇用人，俾以鼓勵企業
主投資於發明。

　　（二）與職務有關之發明，宜認所有權歸屬於受雇人，以激勵受雇
人有從事發明之意願，　但與職務有關之發明，　通常均使用雇用人之資
源，則雇用人得在原有事業範圍內使用之，以補償之，以平衡雇用人與
受雇人間之利益。

　　（三）與職務無關之發明，其所有權屬於受雇人。但受雇人如使用
雇用人之資源者，基於衡平法則，宜認爲雇用人在原有事業範圍內得使
用之。

　　三、營業秘密具有秘密性，共有人間之關係，極爲密切，宜認其處
分、使用共有物及應有部分應得其他共有人之同意，以防止營業秘密之
不當洩漏。如禁止他共有人使用營業秘密者，應給付補償金，以彌補他
共有人不能使用營業秘密之損失。如他共有人因故意或過失致營業秘密
消滅者，應負損害賠償責任，至於其他共有人間關係，則得準用民法共
有之規定。

第三節　營業秘密之侵害與救濟

　　一、我國營業秘密之侵害類型，　依據刑法第三一七條、　第三一八

條，公平交易法第十九條第五款規定僅有違反依法令或契約之保密義務之無故洩漏行爲及公平交易法第二條所稱之「事業」（如公司、獨資或合夥之工商行號、同業公會、其他提供商品或服務從事交易之人或團體）以不法手段取得營業秘密行爲，其侵害類型之規定較少，且其行爲主體僅限於事業而不及於一般自然人，如員工不法影印公司之機密文件，則無處罰依據，因此，本文認爲應仿美、日、德之規定予以修正，其修正之類型如下：

（一）基於身分或契約關係正當取得營業秘密之人，基於競爭之目的，意圖圖利於自己或第三人，或加害所有人之不法使用、洩漏行爲。

（二）第三人基於競爭之目的，意圖圖利於自己或第三人，或加害所有人，直接以不法手段取得及取得後之使用、洩漏行爲。

（三）第三人基於競爭之目的，意圖圖利於自己或第三人，或加害所有人，間接自他人以不法手段或違反保密義務取得，並加以使用、洩漏之行爲。

二、參酌美、日、德所規定不正手段之意義，包括竊盜、詐欺、賄賂，引誘他人違反保密義務，複製他人含有營業秘密之有體物，經由電子或儀器取得營業秘密之間諜行爲，我國公平交易法第十九條第五款之規定不正手段包括「脅迫、利誘或其之不正當方法」取得他人之營業秘密者，其中「不正當方法」之意義爲一不確定之法律概念，而交由公平交易委員會裁量，惟本文認爲，依罪刑法定原則，爲避免不確定之法律概念致侵害人權，不宜交由公平交易委員會裁量。宜參酌美、日、德規定，加以解釋或明文規定之必要。本文認爲其意義應包括詐欺、引誘他人違反保密義務、複製他人含有營業秘密之有體物、經由電子或儀器取得營業秘密之間諜行爲。

三、我國之救濟方法，有不作爲請求權、損害賠償請求權、刑事處罰等規定，惟其規定似仍有疏漏之處，且在訴訟程序亦欠缺保護之方

法，茲說明如下：

（一）關於實體上之保護

1. 關於假處分之規定，參酌美國禁止命令核發之要件，須先證明（1）有勝訴希望（2）有不能回復之損害（3）對於公益有利等因素，在實務運作上，得依學說之解釋或藉由法律之制定以建立。

2. 不作爲請求權係包括侵害除去請求權及侵害防止請求權，如爲請求返還含有營業秘密之「複製物」，本質上爲積極之返還請求權，似欠缺請求權基礎，宜設明文規定。

3. 關於損害賠償之規定，如爲多數共同行爲人，與民法共同侵權行爲之法理相同，惟仍應設連帶賠償義務之規定，以使所有人有請求權基礎，俾免產生解釋上之困擾。

4. 至於我國刑事罰以公平交易委員會之停止命令而不停止爲前提要件，似爲各國立法例所無，但營業秘密有時一經侵害，隨即消滅，則刑事罰永無適用之餘地。本文認爲應刪除以行政機關之停止命令爲刑事罰之前提要件，改採告訴乃論之規定，乃因營業秘密之保護本質上爲個人權益之保護，如涉及公益，則採非告訴乃論，而公平交易委員會爲公務機關，依據刑事訴訟法第二四一條「公務員因執行職務，知有犯罪嫌疑者應爲告發」之規定，應有告發之義務。

另外，依公平交易法第三八條規定僅對於法人科以刑事罰之罰金，對於非法人之事業，則無處罰，顯然不公，故本文以爲應將該規定中之「法人」改爲「事業」較妥。

5. 我國行政罰之規定，亦以公平交易委員會命令停止或改正其行爲而不停止爲行政罰之要件，惟有時一有侵害營業秘密之行爲，即有使營業秘密消滅之危險，行爲人因公平交易委員會之命令而停止其行爲者，則免於處罰，則行政罰根本無適用之餘地，無異縱容不法行爲。本文認爲營業秘密侵害行爲本身即爲一種獨立之侵權行爲類型，與公平交

易法第十九條其他各款，爲妨礙公平競爭之虞之行爲，略有不同，且一有侵害營業秘密行爲卽已致妨礙公平競爭之結果，應無需再由公平交易委員會裁量是否有妨害公平競爭之虞之情形，因此如欲對行爲人處以行政罰，宜逕行規定侵害營業秘密，卽處以行政罰，不宜以公平交易委員會之命令停止而不停止爲處罰之要件。且依公平交易法第三八條規定已對於法人科以罰金之刑事制裁，復於同法第四一條規定，對於事業科以罰鍰之行政罰，顯係對於同一主體同一行爲同時有刑事罰與行政罰之制裁，是否會違反一行爲不兩罰之原則？本文認爲刑事罰與行政罰似無並存之必要，應刪除行政罰之規定，理由如下：

　　（1）學理上認爲行政罰可區分爲行政刑罰與行政秩序罰，前者爲其惡性有直接侵害社會法益，處以刑法上所定刑名之制裁，如死刑、無期徒刑、有期徒刑、拘役、罰金等，後者爲義務之懈怠，致有影響社會秩序之危險，則科以罰鍰、罰役、拘留等，依上述，公平交易法之規定爲一種行政秩序罰，而營業秘密之侵害行爲本質，並非一種義務之懈怠，而爲直接侵害個人法益或社會法益之行爲，故不宜以行政秩序罰規範之。

　　（2）依據公平交易法第三六條規定，對於事業之負責人科以刑事罰，如對事業因同法第四一條之規定處罰鍰之金額較高，而刪除第三八條對法人處以刑事罰之規定，逕依第四一條之規定，而科以行政制裁之罰鍰，則產生對事業負責人爲刑事罰，對事業卻爲行政罰之奇怪現象，故應刪除行政罰之規定。

　　（3）綜觀各國立法例，對於營業秘密之救濟均無行政罰之規定，我國似無規定之必要。

　　（4）刑事罰之懲罰作用較重，似依刑事罰保護較妥。如因刑事罰之金額較低，而致事業法人所受財產上之不利益較輕，不如行政罰制裁爲有效時，則應考慮修正提高刑事罰制裁之金額，而非因此而採取行

政罰之制裁。

（5）我國之所以有行政罰之規定，本文以爲可能係因侵害營業秘密之行爲是否有妨礙公平競爭之虞或爲不正當方法之情事，須先交由公平交易委員會之專責機關裁量後再爲行政處分，故有行政罰。惟侵害營業秘密之行爲本身，卽已致妨害公平競爭之結果，應不須再由公平交易委員會裁量是否有妨害公平競爭之虞。且是否爲不正當方法，依據罪刑法定原則，亦不宜交由公平交易委員會裁量，應以法律明文規定。因此旣無須交由公平交易委員會裁量，則行政罰亦無存在之必要。

（二）關於訴訟程序之保護

營業秘密以具有秘密性爲要件，而訴訟程序爲保持訴訟程序之公正，則以進行公開審理爲必要（法院組織法第八六條），因此如何在進行實體上救濟手段之訴訟程序中，保持營業秘密之秘密性，實有研究之必要。關於訴訟程序之公開與否，爲法院基於職權上訴訟指揮權之行使，惟不公開時，應記明於筆錄，如應公開而未公開時，得爲上訴第三審之理由（法院組織法第八八條、民事訴訟法第二一二條第五款、第四六九條第五款、刑事訴訟法第四四條第一項第四款、第三七九條第三款），因此法院得於具體個案審酌是否有害於產業秩序或評估公共利益等情事，以決定是否公開。如公開審理，致營業秘密消滅會產生產業秩序之混亂時，應認有違公共秩序，則不公開；但如該營業秘密有妨害人體健康，可能涉及犯罪之偵查、國家法益及公共利益者，則應爲公開審理，或有限度的洩漏有害公益部分之營業秘密，以維持營業秘密之地位。

惟審理程序之公開與否，爲法院基於訴訟指揮權之行使，但應公開而未公開得作爲上訴第三審之理由。至於不應公開，法院竟予公開者，由於訴訟中並無針對審理程序是否公開，另作裁定，且縱有裁定，在訴訟中所爲之裁定，除另有規定外，依法亦不得抗告（民事訴訟法第四八

三條、刑事訴訟法第四〇四條）。因此，法院如認為應公開，所有人亦無救濟之道，而遭受不能回復之損害，本文認為針對此問題，有二種解決之途徑：

1. 宜增設訴訟程序進行中營業秘密所有人有聲請進行秘密審理之權利，如法院裁定駁回者，賦予所有人有抗告、再抗告之權利，排除現行民事訴訟法第四八三條及刑事訴訟法第四〇四條之適用，裁定未確定前不宜續行新訟，避免因進行公開審理，致營業秘密消滅。

2. 不變更原有條文，惟在法院內部行政規則上，宜增加在受理營業秘密之訴訟時，審理程序應不公開之規定，以保持營業秘密之地位。如因審理不公開，有所不當者，則依前開民、刑事訴訟法之規定，得依上訴第三審之程序救濟之。

綜合而言，1.之方法，為最根本解決之道，訴訟程序之問題依抗告，再抗告程序救濟之，與民、刑事訴訟法規之體系相符，2.之方法為法院內部之行政規則，如有違反，為公務員之行政責任，而當事人仍無救濟之道。

至於訴訟記錄閱覽部分，當事人得向法院書記官請求閱覽、抄錄或攝影卷內之文或預納費用請求付與繕本、影本、節本。第三人經當事人同意或釋明有法律上之利害關係，經法院長官許可，亦得為前項之請求，民事訴訟法第二四二條定有明文；刑事辯護人於審判中得檢閱卷宗及證物，並得抄錄或攝影，刑事訴訟法第三三條規定。我國不採訴訟記錄一般公開制度，僅將訴訟記錄公開於當事人及辯護人，第三人抄錄卷宗，須經當事人同意「或」法院許可，為有限度之公開。惟本文認為訴訟記錄之公開關係到營業秘密之消滅與否，因此在實務上應以當事人之同意為必要，蓋以當事人始能真正瞭解訴訟記錄之公開，對其產生之影響，因此我國之規定，不若德國以當事人同意「且」經法院許可之規定為適宜。因此，法院在實務運作，有關訴訟記錄之閱覽，應以當事人同

意爲宜。

而訴訟記錄之記載，亦應仿美國之規定，有關營業秘密之部分以代號代替，如某資訊對於是否爲營業秘密有爭執者，亦盡量僅記載有爭執之部分，不宜記載全部之內容，以免營業秘密因不愼洩漏而消滅。

關於在庭者之保密義務，對於在庭者之當事人、代理人、輔佐人、證人、鑑定人之保密義務，似無明文規定，本文認爲應仿德、美之規定依法令對於在庭之訴訟關係人課予明確之保密義務，如有違反者，應認係觸犯刑法第三一七條洩漏工商秘密罪，至於律師、辯護人，則得依刑法第三一六條洩漏因業務知悉或持有之他人秘密罪規範之。

再者，營業秘密以秘密性爲必要，在訴訟程序上不易於舉證，且因長期維持秘密性，致營業秘密之存續期限無限，可能造成技術之隱匿，因此似可仿歐洲之專門技術寄託事務局，設立營業秘密之寄託事務局專門受理營業秘密之寄託，以一定期間經過後，寄託事務局之秘密保持義務卽消滅。藉此，可有利於營業秘密在訴訟程序上之舉證及授權範圍之認定，減少爭議，並使有用之技術在一定期間後得以公開，以利於公益。

四、關於善意第三人之保護

善意第三人基於善意支出代價而取得或使用營業秘密者，應認其在取得之範圍內，有使用之權利，以保護交易安全，且藉此平衡所有人與善意第三人之利益；如第三人基於善意無償受讓者，因其無償而受有利益，如致原所有人受有損害，且無法求償者，顯失公平，則認爲應無保護之必要。有關善意第三人之保護，爲保護交易安全，應有明文規定之必要。

第四款　雇用關係與營業秘密之保護

營業秘密洩漏，最大之途徑，莫過於來自雇傭關係中現職人員及退職人員之洩漏，因此雇用人常以契約保護因雇用關係所可能產生之洩

漏，其中最常見的為秘密保持契約及競業禁止契約，究竟其是否有違憲法上所保障之工作權或違背公序良俗？乃有研究之必要。

一、秘密保持契約

本文認為在職中及離職後之秘密保持義務為受雇人之忠誠義務，但仍應由當事人明確約定為宜，俾受雇人能明瞭守密義務之範圍，且可藉此評估所有人是否已盡合理之努力以維持其秘密性。至於秘密保持契約是否會違反公序良俗或憲法上所保障之工作權，應考量：（一）須有可受保護之營業秘密存在；（二）就受雇人而言，應係有機會接觸該營業秘密之受雇人；（三）就限制之範圍，因營業秘密一經公開即消滅，不應有地域、時間、活動範圍之限制，但應以營業秘密消滅為秘密保持契約之解除條件。

至於，代償金給付之本質，原在於保障受雇人之生存權，但秘密保持契約，係禁止洩漏雇用人之營業秘密，為其忠誠義務之一，無害於受雇人之生計之虞，應無給付代償金之必要。

二、競業禁止契約

競業禁止契約應兼顧雇用人之正當經濟利益及受雇人生存權之保障。因此其契約是否有違反公序良俗或憲法上所保障之生存權，應依受雇人之職位、及其有無機會接觸營業秘密為不同之認定。

對於有機會接觸營業秘密之高級職員，如董事、經理人，在職中之競業禁止應為其忠誠義務之一，且法已有明文，而離職後之競業禁止，則應明確約定或由法律予以明定，惟仍應顧及其生存權、工作權之保障。至於有機會接觸營業秘密之一般職員，為保護雇用人之營業秘密，在職中應有競業禁止之義務，而離職後之競業禁止，宜明示約定，且有合理之限制，以不害於其生存權為前提。惟無機會接觸營業秘密之職員，基於渠等可能是比較低之受薪階級，如限制其為競業禁止，則可能危害及憲法上所保障之工作權，因此，對於其在職中或離職後為競業禁止之約

定，應爲無效。本文認爲，競業禁止契約是否有違反公序良俗或憲法上所保障之工作權、生存權，應考量：

（一）就受雇人而言，應係有機會接觸該營業秘密之受雇人，對於一般無機會接觸該營業秘密之受雇人之競業禁止契約，有違憲法上所保障之工作權，而違反強制規定應爲無效。

（二）須有可受保護之利益存在，如營業秘密。如無可受保護之利益存在，競業禁止契約應爲無效。

（三）就限制之合理性而言，時間之限制，應以就各行業及營業秘密存在之時間依具體個案判斷，如營業秘密消滅，則不得再予限制之；地域之限制，應以雇用人目前活動之領域爲範圍，如地域之限制，可能擴及全國或國際性者，則應以職業活動之限制以代替地域之限制，所謂職業活動之限制，係指限制受雇人不得與雇用人之顧客從事交易，但不得限制其與其他顧客交易；如限制離職受雇人不得從事與原受雇期間內之工作相同者，致其必須轉業者，則可能有害及受雇人之生存權者，得以限制其不得與前雇用人之顧客從事交易，以代替職業種類之限制。至於限制是否應明文規定？由於每個受雇人之情形不一，如予明文規定反而導致適用上之僵化，不如藉由個案判例之累積形成。

（四）如營業秘密爲雇用人所有，似無給付代償金之必要，而考之代償金之給付，原在於保障受雇人因競業禁止約定，而有害其生存權所爲之補償，因此，得於有害其生計之範圍內，給付一定之代償金，如該受雇人在競業禁止期間內，已有其他工作時，似無再給付之必要。在法國爲保障勞工之生存權，雇用人在競業禁止期間二年內者，應給予員工最後離職之薪資全額，有可能導致員工怠於找工作，坐領乾薪，反而有違公平，因此，本文認爲如欲明文規定雇用人有代償金之給付義務，以賦予受雇人有請求權基礎，似不宜規定爲薪資之全額，應依據我國物價波動、一般生活水準所需之數額，以決定代償金之數額。

　　綜上述，現行法規確有許多不足之處，如在公平交易法逕行修法，恐有困難，營業秘密之立法理由不僅在於維護競爭秩序，亦在於鼓勵發明，與公平交易法之立法目的，為維持交易秩序與消費者利益，確保公平競爭，促進經濟安定之繁榮有區別，且上開問題並非修正一、二個條文得以解決，在我國員工任意跳槽，惡性挖角等事件屢見不鮮，對於高科技之發展，產生嚴重之傷害，故將營業秘密單獨立法，容有必要。

參考文獻

一、中文文獻

（一）書籍（按作者姓名筆畫順序排列）

1. 王澤鑑，不當得利，債篇總論第二冊，著者發行，七十九年四月。

2. 史尚寬，勞動法原論，史吳仲芳、史光華，七十六年臺北重版。

3. 立法院經濟委員會編印，審查公平交易法草案參考資料，七十六年九月。

4. 呂榮海、謝穎青、張嘉眞等三人合著，公平交易法解讀，月旦出版社有限公司，八十一年二月初版。

5. 林紀東，行政法，三民書局，七十五年八月初版。

6. 柯木興，勞工退休金作業手冊，著者發行，七十六年九月三版。

7. 孫森焱，民法債篇總論，著者發行，七十四年二月第五版。

8. 康炎村，工業所有權法論，五南圖書出版公司，七十六年八月初版。

9. 蔡明誠、陳家駿、張靜、許智誠、張凱娜等五人合著，營業秘密六十講，臺北市電腦商業同業工會，八十一年三月初版。

10. 謝在全，民法物權論上冊，著者發行，七十八年十二月初版。

（二）期刊論文及專論（按作者姓名筆畫順序排列）

1. 李潮雄，營業秘密與專門技術之保護，法令月刊第四十二卷第十期，八十年十月。

2. 林榮耀，從憲法保障國民經濟之規定談公平交易法之制定，法學叢刊第一○三期，七十年九月。

3. 林賓，專利權保護制度之研究，文化法研所碩士論文，七十三年六月。

4. 周延鵬，我國智慧財產權法律環境之現況暨因應措施（下），法律評論第五十八卷第三期，八十一年三月。

5. 施啟揚，從個別人格權到一般人格權，臺大法學論叢第四卷第一期，六十三年十月。

6. 洪健華，有關專利權中授權問題之研究，政大法研所碩士論文，七十六年五月。

7. 徐火明，論不當競爭防止法及其在我國之法典化（二），中興法學，第二一期，七十四年三月。

8. 曾陳明汝，商標不正競爭之研究，臺大法學論叢第四卷第一期，六十三年十月。

9. 陳錦全，美國法院對營業秘密的防護措施，資訊法務透析，七十八年十一月。

10. 陳彩霞，日本對於營業秘密之保護，萬國法律五五期，八十年二月。

11. 許智誠，營業秘密之法律地位及保護概況，經社法制論叢創刊號，七十七年一月。

12. 許智誠、劉珮玟，論專利權之強制實施制度析述，經社法制論叢第四期，七十八年七月。

13. 許智誠，營業秘密之立法趨勢與政策課題，法令月刊第四十卷第一一期，七十八年十一月。

14. 許智誠，美國法上企業發明之保護——專利與營業秘密之抉擇，法學叢刊第四卷第二期，七十九年七月。

15. 張凱娜，公司可以禁止員工跳槽嗎？——談離職員工競業禁止問題，資訊與電腦，七十九年五月。

16. 張伶銖，未來隱憂是產業能否升級？中國時報八十一年九月十三日，第三版。

17. 甯育豐，論美國對工商秘密之保護，政大法學評論第五期，六十年十二月。

18. 楊崇森，美國法上營業秘密之保護，中興法學第二三期，七十五年十一月。

19. 楊崇森，營業秘密的保護，資訊傳眞，七十七年一月。

20. 廖義男，從經濟法之觀點論企業之法律問題，臺大法學論叢第四卷第二期，六十四年四月。

21. 廖義男，公平交易法對於違反禁止行為之處罰規定，政大法學評論第四四期，八十年十二月。

22. 趙文慧，大陸經濟快速成長，貿易總額直追臺灣，中國時報八十一年九月十二日，第十一版。

23. 蔡明誠，公平交易法對營業秘密之保護，政大法學評論第四四期，八十年十二月。

24. 蔡章麟，誠實信用原則與不正競業之禁止，法令月刊第二卷第四期，四十年四月。

25. 蔣次寧，營業秘密的侵害與民事救濟，臺大法研所碩士論文，六十六年六月。

26. 謝銘洋，營業秘密侵害之類型觀察與責任分析，資訊法務透析，八十一年八月。

27. 蘇永欽，論不正競爭和限制競爭之關係——試從德國現行法觀察，臺大法學論叢第一一卷第一期，七十年十二月。

28. 蘇永欽，營業競爭法在歐洲各國的發展與整合，法學叢刊第一一四期，七十三年四月。

二、日文文獻

（一）書籍（按作者姓名筆畫順序排列）

1. 小野昌延，注解不正競爭防止法，株式會社青林書院，1991年10月初版二刷。

2. 土井輝生，知的所有權法——現代實務法律講座，株式會社青林書院，1977年10月初版第二刷。

3. 大矢息生，盜まれる企業秘密，總合勞動研究所，1983年1月初版。

4. 中山信弘，注解特許法上卷，株式會社青林書院，1975年4月初版三刷。

5. 石角完爾，企業秘密／トレード・シークレツト，第一法規出版株式會社，1988年3月初版。

6. 日本工業所有權法學會，企業秘密の保護，日本工業所有權法學會，

1990年 5 月初版第一刷。

7. 竹田稔，名譽プライバシー・企業秘密侵害保護の法律實務，タイヤモンド社，1976年。

8. 我妻榮，債篇各論，岩波書店，1963年11月第十二刷。

9. 知的所有權研究會編，最新企業秘密・ノウハウ關係判例集，株式會社ぎようせう，1992年 5 月三版。

10. 後藤淸，轉職の自由と企業秘密の防衞，有斐閣，1963年初版。

11. 湯淺・原法律事務所，知的所有權の保護─その實務傾向，社團法人發明協會，1977年12月初版第三刷。

12. Earl W. Kintner. Jack L. Lahr，有賀美智子譯，アメリカ知的所有權概說，社團法人發明協會，1976年12月二版。

(二) 期刊論文及專論 (按作者姓名筆畫順序排列)

1. 小野昌延，わが國の判例，日本工業所有權法學會年報第十三號，1990年 5 月初版第一刷。

2. 小泉直樹，不正競業法の課題，ジュリスト918號，1988年 9 月。

3. 小橋馨，營業秘密の保護と裁判公開の原則，ジュリスト 962號，1990年 9 月。

4. 小島康裕，企業の社會責任の法的性質，法學セミナ─10號，1975年。

5. 三島宗彦，競業避止約款の效力，ジュリスト勞動法の判例增刊，基本判例解說。

6. 山口厚，營業秘密之侵害與刑事罰，ジュリスト962 號，1990年 9 月。

7. 山本吉人，競業避止約款と退職金減額，ジュリスト增刊，勞動法の判例第二版，1978年 9 月。

8. 木元錦哉，消費者保護と企業秘密の公開，法律時報 5 卷 4 號。

9. 中山信弘，營業秘密の保護の必要性と問題點，ジュリスト 962號，1990年 9 月。

10. 田村諄之輔，競業避止約款，ジュリスト45號勞動判例百選第三版，1974年。

11. 江口順一，アメリカの視點，日本工業所有權法學會年報第十三號，1990年5月初版第一刷。

12. 四宮和夫，不正競爭と權利保護手段，法律時報31卷2號，1959年。

13. 生田典久，米・英における企業秘密の保護，ジュリスト428號，1969年7月。

14. 吉田邦彦，第三者の債權侵害關する基礎的考察，法學協會雜誌104卷7號，1987年。

15. 佐久間修，企業秘密の侵害と刑事責任，判例タイムズ36卷28號，1985年12月。

16. 和田肇，勞動市場の流動化と勞動者の守秘義務，ジュリスト962號，1990年9月。

17. 松本重敏，企業秘密の法的保護（一），NBL 436號。

18. 松本重敏，企業秘密の法的保護（二），NBL 437號。

19. 松本重敏，企業秘密の法的保護（三），NBL 439號。

20. 松本重敏，實務からみた營業秘密保護立法の意義と問題點，ジュリスト962號，1990年9月。

21. 染野義信，ノウハウをめぐる世界の動き，法學セミナー142號，1968年。

22. 染野義信、染野啟子，情報社會におけるノウ・ハウ規制の理論，ジュリスト428號，1969年7月。

23. 紋谷暢男，KNOW-HOW およびその保護，ジュリスト500號，1972年3月。

24. 盛崗一夫，企業秘密の保護，法律のひろば40卷11號，1987年。

25. 富川勳，企業秘密の保護と取締役・從業員の獨立、轉職の自由，NBL 408號。

26. 滿田重昭，不正競爭行爲の防止と最近における問題點，法律のひろば40卷11號，1987年11月。

27. 橫田俊之，財產的情報の法的救濟制度，ジュリスト954號，1990年4月。

28. 横田俊之、熊谷健一、廣實郁郎、中村稔，改正不正競爭防止法におけ
る營業秘密の法的救済制度について，ジユリスト962號，1990年9月。

29. 豐崎光衞，ドイツの不正競業法，比較法研究19號，1959年10月。

30. 謙田隆，ノウハウ法的保護，引自湯淺・原法律事務所編，知的所有權
の保護——その實務傾向，1977年12月初版第三刷。

31. 謙田 薰，營業秘密の保護と民法，ジユリスト962 號，1990年9月。

三、英文文獻

(一) 書籍 (按作者姓名字母順序排列)

1. Ame'de'e E. Turner, *The Law of Trade Secrets*, London Sweet
& Maxwell Limited, 1965.

2. Francois Dessemontet, H. W. Clarketranslated, *The Legal Pro-
tection of Know-how in The United States of America*, Fred B.
Rothman & Co., 1976.

3. Melvin F. Jager, *Trade Secrets Law, Vol. 1. Vol. 2*, Clark
Boardman Company Ltd., 1987. 11. 7.

4. Raymond T. Nimmer, *The Law of Computer Technology*, Warren,
Gorham & Lamont Inc., 1985.

5. Roger M. Milgrim, *Milgrim on Trade Secrets, Vol. 1, Vol. 2*,
Matthew Bender & Company, 1983. 12.

6. Russell B. Stevenson, JR., *Corporations and Information*, The
John Hopkins University Press, 1980.

7. Steven J. Stein, *Trade Secret Litigation*, Practising Law Institute,
1985.

(二) 期刊論文 (按作者姓名字母順序排列)

1. Andrew F. Sayko Jr., New and Terminating Employees, *V.
14, No. 1, AIPLA Quarterly Journal*, 1986, pp. 49-62.

2. David Bender, Appropriation by Memory, 輯於 Roger M. Milgrim,
Milgrim on Trade Secrets, Vol. 2, Matthew Bender & Company,

1983, Appendix I1-I4.

3. Edmond Gabbay, All the King's Horses-Irreparable Harm in Trade Secret Litigation, *V. 11, No. 5, Fordham Law Review,* Apr' 1984, pp. 805-827.

4. Ellen Lauver Webber, Patenting Inventions that Embody Computer Programs Held As Trade Secrets, *V. 59, No. 3,Washington Law Review*, July 1984, pp. 601-615.

5. Felix Prandl, Damages for Misappropriation of Trade Secret, *V. 22, No. 3, Tort & Insurance Law Journal*, Spr' 1987, pp. 447-456.

6. Garry Bastin, Protection of Property in Confidential Information by Employers, *V. 134, No. 11, Solicitors Journal*, Mar' 1990, pp. 307-311.

7. George S. Burns, Litigating Computer Trade Secrets in California, *V. 6, No. 3, Computer Law Journal*, Wtr' 1986, pp. 485-551.

8. Gregory J. Maier, Software Protection-Integrating Patent, Copyright and Trade Secret Law, *V. 69, No. 3, Journal of the Patent & Trademark Office Society*, pp. 151-165.

9. Henry J. Silberberg and Eric G. Lardiere, Eroding Protection of Customer Lists and Customer Information Under the Uniform Trade Secrets Act, *V. 42, No. 2, The Business Lawyer*, Feb' 1987, pp. 487-505.

10. M. Jefferson, Evading the Doctrine of Restrint of Trade, *V. 134, No. 19, Solicitors Journal*, May 1990, pp. 532-536.

11. Maurreen B. Callahan, Post-employment Restraint Agreement: A Reassessment, *V. 52, No. 3, The University of Chicago Law Review*, Sum' 1985, pp. 703-728.

12. Michael A. Epstein and Stuart D. Levi, Protecting Trade Secret

Information: A Plan for Proactive Strategy, *V. 43, No. 3, The Business Lawyer*, May 1988, pp. 887-913.

13. Myrphy Kalaher Readio, Balancing Employer's Trade Secret Interests in High-technology Products Against Employees' Rights and Public Interests in Minnesota, *V. 69, No. 4, Minnesota Law Review*, Apr' 1985, pp. 984-1006.

14. Page M. Kaufman, The Enforceability of State "Shrink-wrap" License Statutes in Light of Vault Corp. v. Quaid Software, Ltd., *V. 74, No. 1, Cornell Law Review*, Nov' 1988, pp. 222-244.

15. Patrick P. Philips, The Concept of Reasonableness in The Protection of Trade Secrets, *V. 42, No. 4, The Business Lawyer*, Aug' 1987, pp. 1045-1051.

16. Paul Marcotte, Keeping Secrets, *V. 75, ABA Journal*, Nov' 1989, p. 32.

17. Peter B. Swann, Maryland Uniform Trade Secrets Act, *V. 49, No. 4, Maryland Law Review*, 1990, pp. 1056-1070.

18. Peter C. Quittmeyer, Trade Secrets and Confidential Information under Georgia Law, *V. 19, No. 3, Georgia Law Review*, Spr' 1985, pp. 623-680.

19. Philip Hablutzel, Uniform Trade Secrets Act Adoption by the States, 輯於 Roger M. Milgrim, *Milgrim on Trade Secrets Vol. 3*, Matthew Bender & Company, 1990, Appendix AA, pp. AA1-AA9.

20. Roman A. Klitzke, Trade Secrets: Important Quasi-property Rights, *V. 41, No. 2, The Business Lawyer*, Feb' 1986, pp. 555-570.

21. Ray A. Mantle, Trade Secret and Copyright Protection of Com-

puter Software, *V. 4, No. 4,Computer Law Journal*, Spr' 1984, pp. 669-684.

22. Robert C. Scheinfeld & Gary M. Butter, Using Trade Secret Law to Protect Computer Software, *V. 17, No. 2, Rutgers Computer and Technology Law of Journal*, 1991, pp. 381-419.

23. Roger M. Milgrim, Who Owns What: Copyrights and Trade Secret with Some Reflections on Patents, 輯於 Roger M. Milgrim, *Milgrim On Trade Secrets*, Matthew Bender & Company, AppendixT, pp. T1-T24.

24. Ronald B. Coolley, Recent Changes in Employee Ownership Law: Employers May Not Own Their Inventions and Confidential Information, *V. 41, No. 1, Business Lawyer*, Nov' 1985, at pp. 57-75.

25. Ronald B. Coolley, Employment Agreement Provisions: Definitions, Duties, Covenants Not to Compete, Assignment After Termination and Severability, *V. 14, No. 1, AIPLA Quarterly Journal*, 1986, pp. 20-34.

26. Russell W. Adams, Customer Lists As Trade Secrets Under Alabama's New Trade Secrets Act, *V. 41, No. 1, Alabama Law Review*, 1989, pp. 151-165.

27. Stanislaw J. Soltysinski, Legal Protection for Computer Programs Public Access to Information and Freedom of Competitive Reasearch and Development Activities, *V. 16, No. 2, Rutgers Computers and Technology Law Journal*, 1990, pp. 447-474.

28. Steve Borgman, The Adoption of the Uniform Trade Secrets Act: How Uniform is Uniform? *V. 27, No. 2, IDEA*, 1987, pp. 73-119.

29. Suellen Lowry, Inevitable Disclosure Trade Secret Disputes: Dis-

solutions of Concurrent Property Interests, *V. 40, No. 2, Standford Law Review*, Jan' 1988, pp. 519-544.

30. Tim D. Wermager, Union's Rights to Information vs. Confidentiality of Employer Trade Secrets: Accommodating the Interests Through Procedural Burdens and Restricted Discl osure, *V. 66, No. 5, Iowa Law Review*, 1981, pp. 1333-1351.

31. The Committee on Computer Law, Reverse Engineering and Intellectual Property Law, 輯於 Roger M. Milgrim, *Milgrim On Trade Secrets, Vol. 3*, Matthew Bender & Company, 1990, AppendixB 8, pp. B81-B89.

32. Vytas M. Rimas, Trade Secret Protection of Computer Software, *V. 5, No. 1, Computer Law Journal*, Sum' 1984, pp. 77-99.

33. William E. Hilton, What Sort of Improper Conduct Constitutes Misappropriation of a Trade Secret, *V. 30, No. 4, IDEA*, 1990, pp. 287-309.

34. 作者不詳, Losing Staff and Trade Secrets, *V. 135, No. 15, Solicitors Journal*, Apr' 1991, pp. 484-485.

35. 作者不詳, Trade Secrets in Discovery: Form First Amendment Disclosure to Fifth Amendment Protection, *V. 104, Harvard Law Review*, Apr' 1991, pp. 1330-1349.

犯罪學	林山田、林東茂著	政治大學等
監獄學	林　紀　東著	前臺灣大學
交通法規概要	管　　歐著	東吳大學
郵政法原理	劉承漢著	成功大學
土地法釋論	焦祖涵著	東吳大學
土地登記之理論與實務	焦祖涵著	東吳大學
引渡之理論與實踐	陳榮傑著	海基會
國際私法	劉甲一著	前臺灣大學
國際私法新論	梅仲協著	前臺灣大學
國際私法論叢	劉鐵錚等著	司法院大法官
現代國際法	丘宏達等著	馬利蘭大學等
現代國際法基本文件	丘宏達編	馬利蘭大學
國際法概要	彭明敏著	
平時國際法	蘇義雄著	中興大學
中國法制史概要	陳顧遠著	
中國法制史	戴炎輝著	臺灣大學
法學緒論	鄭玉波著	前臺灣大學
法學緒論	孫致中編著	各大專院校
法律實務問題彙編	周叔厚、段紹禋編	司法院
誠實信用原則與衡平法	何孝元著	
工業所有權之研究	何孝元著	
強制執行法	陳榮宗著	臺灣大學
法院組織法論	管　歐著	東吳大學
國際海洋法——衡平劃界論	傅崑成著	臺灣大學
最新綜合六法{要旨增編 判解指引 法令援引 事項引得}全書	陶百川編	國策顧問
	王澤鑑編	臺灣大學
	劉宗榮編	臺灣大學
	葛克昌編	臺灣大學
最新六法全書	陶百川編	國策顧問
基本六法		
憲法、民法、刑法（最新增修版）		
行政法總論	黃異著	海洋大學

商事法論（緒論、商業登記法、公司法、票據法）（修訂版）	張國鍵 著	前臺灣大學
商事法論（保險法）	張國鍵 著	前臺灣大學
商事法要論	梁宇賢 著	中興大學
商事法概要	張國鍵著、梁宇賢修訂	臺灣大學等
商事法概要（修訂版）	蔡蔭恩著、梁宇賢修訂	中興大學
公司法	鄭玉波 著	前臺灣大學
公司法論（增訂版）	柯芳枝 著	臺灣大學
公司法論	梁宇賢 著	中興大學
票據法	鄭玉波 著	前臺灣大學
海商法	鄭玉波 著	前臺灣大學
海商法論	梁宇賢 著	中興大學
保險法論（增訂版）	鄭玉波 著	前臺灣大學
保險法規（增訂版）	陳俊郎 著	成功大學
合作社法論	李錫勛 著	前政治大學
民事訴訟法概要	莊柏林 著	律師
民事訴訟法釋義	石志泉原著、楊建華修訂	司法院大法官
破產法	陳榮宗 著	臺灣大學
破產法	陳計男 著	行政法院
刑法總整理	曾榮振 著	律師
刑法總論	蔡墩銘 著	臺灣大學
刑法各論	蔡墩銘 著	臺灣大學
刑法特論（上）（下）	林山田 著	政治大學
刑法概要	周冶平 著	前臺灣大學
刑法概要	蔡墩銘 著	臺灣大學
刑法之理論與實際	陶龍生 著	律師
刑事政策	張甘妹 著	臺灣大學
刑事訴訟法論	黃東熊 著	中興大學
刑事訴訟法論	胡開誠 著	臺灣大學
刑事訴訟法概要	蔡墩銘 著	臺灣大學
行政法	林紀東 著	前臺灣大學
行政法	張家洋 著	政治大學
行政法概要	管歐 著	東吳大學
行政法概要	左潞生 著	前中興大學
行政法之基礎理論	城仲模 著	中興大學
少年事件處理法（修訂版）	劉作揖 著	臺南縣教育局

— 3 —

三民大專用書書目──法律

中國憲法新論（修訂版）	薩 孟 武	著	前臺灣大學
中國憲法論（修訂版）	傅 肅 良	著	中 興 大 學
中華民國憲法論（最新版）	管 歐	著	東 吳 大 學
中華民國憲法概要	曾 繁 康	著	前臺灣大學
中華民國憲法逐條釋義㈠～㈣	林 紀 東	著	前臺灣大學
比較憲法	鄒 文 海	著	前政治大學
比較憲法	曾 繁 康	著	前臺灣大學
美國憲法與憲政	荊 知 仁	著	前政治大學
國家賠償法	劉 春 堂	著	輔 仁 大 學
民法總整理（增訂版）	曾 榮 振	著	律 師
民法概要	鄭 玉 波	著	前臺灣大學
民法概要	劉 宗 榮	著	臺 灣 大 學
民法概要	何孝元著、李志鵬修訂		司法院大法官
民法概要	董 世 芳	著	實 踐 學 院
民法總則	鄭 玉 波	著	前臺灣大學
民法總則	何孝元著、李志鵬修訂		
判解民法總則	劉 春 堂	著	輔 仁 大 學
民法債編總論	戴 修 瓚	著	
民法債編總論	鄭 玉 波	著	前臺灣大學
民法債編總論	何 孝 元	著	
民法債編各論	戴 修 瓚	著	
判解民法債篇通則	劉 春 堂	著	輔 仁 大 學
民法物權	鄭 玉 波	著	前臺灣大學
判解民法物權	劉 春 堂	著	輔 仁 大 學
民法親屬新論	陳棋炎、黃宗樂、郭振恭	著	臺 灣 大 學
民法繼承	陳 棋 炎	著	臺 灣 大 學
民法繼承論	羅 鼎	著	
民法繼承新論	黃宗樂、陳棋炎、郭振恭	著	臺灣大學等
商事法新論	王 立 中	著	中 興 大 學
商事法			

三民大專用書書目——國父遺教

三民主義	孫　　文	著	
三民主義要論	周　世　輔	編著	前政治大學
大專聯考三民主義複習指要	涂　子　麟	著	中山大學
建國方略建國大綱	孫　　文	著	
民權初步	孫　　文	著	
國父思想	涂　子　麟	著	中山大學
國父思想	周　世　輔	著	前政治大學
國父思想新論	周　世　輔	著	前政治大學
國父思想要義	周　世　輔	著	前政治大學
國父思想綱要	周　世　輔	著	前政治大學
中山思想新詮	周世輔、周陽山	著	政治大學
——總論與民族主義			
中山思想新詮	周世輔、周陽山	著	政治大學
——民權主義與中華民國憲法			
國父思想概要	張　鐵　君	著	
國父遺教概要	張　鐵　君	著	
國父遺教表解	尹　讓　轍	著	
三民主義要義	涂　子　麟	著	中山大學